服を変えると、人生が変わる。

一流の男の身だしなみ

中谷彰宏

愚かなのだから、
般若を装えるのではない。
般若を装えるから、
愚かなのだ。

中谷彰宏

あき
ひろ

この本は、３人のために書きました。

①オシャレになって、生涯所得を上げたい人。

②自分のオシャレでないところに、気づきたい人。

③大切な人を、オシャレにしたい人。

はじめに

身だしなみは、ファッションではなく、生き方だ。

この本はファッションの本ではありません。
単なる情報ではなく、身だしなみを通して、その人が生き方を
どう変えていけるかが書かれています。

流行りの情報ではなく、そのモノを持つことでのライフスタイ

ルを提案しています。
「服を変えると何が変わるのか」というのがテーマです。
私は、生まれ変わりたい人の服装を変えることで、その人の生き方を変えています。
1人ずつ変わってくると、みんなが変わります。
ファッションではなく、生き方の問題なのです。
美学なのです。

中谷彰宏

二〇一五年一月

「一流の男の身だしなみ」になる72の工夫

01 仕事を変える前に、服を変えよう。
02 買う前に、オシャレの勉強をしよう。
03 「オシャレも、仕事だ」と考えよう。
04 部下にあこがれられる服装をしよう。
05 信頼感と知性を、服装であらわそう。
06 銀行に行ける服装をしよう。
07 歩幅が大きくなる服を着よう。
08 チャンスをつかめる服を着よう。
09 着やすい服に、流されない。

10 自己肯定感が上がる服を着よう。
11 キラキラよりも、上り調子の服装をしよう。
12 なりたいと思っている自分の服装をしよう。
13 デートや接待は、店より、服装にこだわる。
14 ドレスコードを守ろう。
15 子どもの服育をする。
16 相手の服装を、ほめよう。
17 着こなしのお手本を持つ。
18 妥協した服の居心地の悪さを感じよう。
19 ブランド以外のオシャレに気づこう。
20 靴を履いて、鏡を見よう。
21 便利さで服を選ばない。
22 電車や飛行機で、靴を脱がない。

服を変えると、人生が変わる。　目次

第二章 オシャレは、失敗で磨かれる。

第三章 勇気と希望が湧くスーツの選び方。

第四章
スーツは、男の「戦闘服」である。

第五章 オシャレな人は、小物で差をつける。

第一章

服は、仕事の一部である。

01

服を変えると、
①仕事が変わる。
②人間関係が変わる。
③生涯所得が変わる。

生まれ変わりたい人に対して一番目に直すのは、服装です。
二番目は、姿勢を直します。
これは、身体的な姿勢と物事の考え方の姿勢です。
三番目に、新しい知識や工夫を入れます。
通常、大人のためのセミナーや塾では服装は自由です。
中谷塾では、きちんとした服装で参加しています。
服装こそがその人自身を変える一番のスタートラインなのです。

高校生の生活がだらしなくなっていく最初は服装の乱れからです。

これは教育の現場では誰もがわかっていることです。

新入社員とベテラン社員の圧倒的な違いは、新入社員はまだ服装がきちんとできていないということです。

スポーツ選手で言うと、プロのスカウトマンが、伸びる新人選手を見分ける基準は、身体能力よりもユニフォームの着こなし方です。

ユニフォームの着こなしがきちんとできている人は、体もきちんとしているし、そのスポーツに関するこれからの伸びシロも大きいのです。


服を変えることは、誰でもが今日からできて、工夫のしがいのあるところです。

服を変えると、まず仕事が変わります。

二番目は、人間関係が変わります。

三番目は、生涯所得が変わります。

仕事や人間関係が変わったから、服が変わるのではありません。

服を変えたから、仕事や人間関係が変わるのです。

年収が変わってお金の余裕ができたから、いい服を着られるのではありません。
服を変えたから年収が変わるのです。
単に年収ではなく生涯所得が変わるので、単位は大きいです。
1つの服を変えるだけで、何千万単位の生涯所得が変わるのです。

一流の男の身だしなみ 01

仕事を変える前に、服を変えよう。

02

お金があっても、オシャレになることはできない。

「お金がないから、オシャレはできないんです」と言うのは勘違いです。

単に高い服を着ればオシャレになるわけではありません。

重要なのは着こなし方です。

お金があってもオシャレでない人は、世の中にたくさんいます。

パーティーに行くと、日本人として恥ずかしい思いをすることがよくあります。

紳士のいる日本をつくっていかなければ、文化的な国として世界からリスペクトされません。

「日本人はお金を持っているけど、マナーや着こなしがひどい」と言われるのが一番情けないです。

お金があっても、オシャレの勉強をしなければオシャレにはなれません。

お金があれば英語が話せるということもありません。

勉強するには時間がかかります。

「今100万円払うから英語を話せるようにしてくれ」と言っても不可能です。

ファッションも同じです。

お金がないころからオシャレに気を使う必要があります。

芸人さんは、弟子の時代に「売れてからオシャレになるんじゃない。今からオシャレにしておかないと、売れてからでは間に合わない」と言われます。

オシャレの勉強には、時間がかかるのです。

「明日までにオシャレにしてください」と言われてもムリです。

私のところに「明日、中途採用の面接があるのでオシャレにしてほしいんですけど」と来る人がいます。

TSUTAYAでビデオを借りるのとは違うので、1泊2日ではムリです。

ふだんから何もやっていない人ほど「明日なんです」と駆け込んで来るのです。ちゃんとしている人は、「ちょっとオシャレをチェックしてください」と、3カ月に1回定期的に来ます。

そういう人は、だんだんオシャレになっていきます。

福岡で英語の先生をしている松本さんが、奥さんに「あなたはダサいから中谷さんのところに行ってきなさい」と言われてやって来ました。

3カ月ごとに次の予約を入れて定期的に来ているうちに、だんだんオシャレになりました。

「今度はここ直そう」と少しずつやっていくことで、仕事もどんどん稼げるようになりました。

収入とオシャレ度のアップが連動したのです。

とうとう奥さんも来ることになりました。

だんなさんのオシャレと収入があまりにも伸びたので、奥さんが「ヤバい。私も頑張らなくちゃ」となったのです。

これはいい相乗効果です。

塾や予備校の生徒は、オシャレな先生の話を聞きます。

プレゼンは話し方や中身がもちろん重要ですが、シワシワな服を着ている人の話では説得力がありません。

オシャレは説得力になるのです。

一流の男の身だしなみ 02

買う前に、オシャレの勉強をしよう。

03

オシャレは、仕事の一部だ。

「オシャレと仕事とどっちが大切なんですか。私、仕事が忙しいんですけど」と言う人は、オシャレと仕事を分けて考えています。

オシャレをすることは、仕事の一部です。

オシャレをすると、プレゼンが通ったり、お客様の信頼が得られます。

「仕事のほうが大切で、オシャレなんかしているヒマがないんです」と言う仕事の鬼もいます。

そういう人は、オシャレが仕事の一部であると認識できていません。

オシャレは仕事の大切な一部です。

名刺の渡し方は仕事の一部だと思われているので、会社からの指導もあります。

オシャレに関しては会社からの指導は一切ありません。

個人に任せているのです。

特に今、カジュアルフライデーやクールビズで、会社はオシャレを完全に個人に委ね始めています。

オシャレは自己責任です。

クールビズを導入してから、オシャレな人とオシャレでない人とにくっきり分かれ始めています。


中谷塾の男性の塾生はみんなスーツを着てきます。

土曜日に外苑でスーツを着て歩いているのは中谷塾に行く人です。

土曜日にスーツを着ている人はいないので目立ちます。

久しぶりに中谷塾に来た人は、教室の雰囲気が違うことにびっくりします。

みんながオシャレになっているのです。

ある時、「かたーい」と言った人がいました。

久しぶりに来た人は前のレベルのままでいるから、自分が居心地悪いのです。

かたいのではありません。

まわりの塾生のレベルが上がったのです。

オシャレに手を抜くと、自分に甘くなります。

ラクな服装で妥協しているうちに、いつの間にかライバルに差をつけられていくのです。

一流の男の身だしなみ 03

「オシャレも、仕事だ」と考えよう。

04

ダサいリーダーに、部下はついてこない。

部下がついていくかどうかは、上司の服装がカッコいいかどうかで決まります。

リーダーの服装がダサいと部下はついてきません。

仕事ができる、ほめてくれる、派閥のトップだということは一切関係ありません。

男性でも女性でも、部下がついていこうと思う基準は同じです。

「仕事はそこそこだけど、服装はカッコいいんだよね」というだけで、人はついていきます。

たとえば、災害時に「右へ逃げよう」と言う人と、「左へ逃げよう」と言う人がいる時は、服装がちゃんとしている人についていくのが正解です。

軍隊は、上官ほどきちんとした服装をしています。

レストランで言うと、一番下の人は白シャツ、二番目の人はベスト、一番上の人はジャケットを着ています。

服装は階級をあらわすのです。

白シャツの格好でいるお客様は、お店の人に間違われて「ウーロン茶、まだですか」と言われたりします。

服装で階級が分かれている職場では、白シャツの人は「ベストを早く着られるようになりたい」「いつかはジャケットが着られるようになりたい」と頑張っています。

みんながあこがれる服装をしている人が、リーダーになっていくのです。

一流の男の身だしなみ 04

部下にあこがれられる服装をしよう。

05

服装は、信頼感と知性をあらわす。

服装は、その人がお金持ちかどうかを示すものではありません。

信頼感と知性のあらわれです。

「この人はちゃんとした人だ」と思うと、その人に説得力が出るし、教養を感じます。

それはすべて服装から出てきます。

100万円の軽自動車を売っているディーラーさんと、5000万円のマイバッハを売っているディーラーさんとでは服装が違います。

「軽からマイバッハまで売っています」という人は、いないのです。

きちんとした服装の人が軽自動車を売ると、それだけで説得力があります。

人間の印象は、初対面の10秒以内に決まります。

服にシミがついている人は、「この人はだらしないに違いない。信頼できないな」と思われます。


学校の先生は、オシャレのレベルがなかなか上がりません。

今は塾の先生でもビジュアルが大切です。

TV授業も増えています。

三角形の面積は誰が教えても同じです。

それをどういう服装の人が言うかです。

サイズの合わない緩いズボンをはいて、それがずれながら教えている人と、ピシッとした格好で教えている人とでは、生徒の聞く姿勢がまったく変わってくるのです。


一生に一度の結婚式で、汚れた服を着た人がウエディングドレスを持ってきたら、ウエディングドレスまで汚れて見えます。

高度経済成長の時代は、モノに差がありました。

今は、すべてのモノがいいモノです。
モノで差がつかない時代は、どれだけきちんとした服装の人から買うかで価値が上がるのです。

一流の男の身だしなみ 05

信頼感と知性を、服装であらわそう。

06

スティーブ・ジョブズのジーンズは、銀行に行く時は、スーツだった。

「スティーブ・ジョブズほど稼いでいる人が、タートルネックにジーンズにニューバランスのスニーカーを履いている」と言う人がいます。

スティーブ・ジョブズが発表会の時に着るのは、100着以上持っていたミヤケイッセイのタートルネックから選んだ1着です。

ジーンズもはき慣れたもののように見えますが、スタイリストが用意したたくさんの数の中から選び抜いたものなのです。

スティーブ・ジョブズは、タートルネックやジーンズを衣装として着ていたのです。

ある時、スティーブ・ジョブズに「銀行に行くぞ」と言われた部下が、タートルネックとジーンズとスニーカーでやって来ました。

スティーブ・ジョブズはきちんとスーツを着ていました。

これは、織田信長が斎藤道三に会う時にしたことと同じです。

織田信長は、ふだんはざんばら髪で、肩がはだけて腰にひょうたんをぶら下げるような格好をしていました。

それが、斎藤道三に会う時はきちんとした正装に着替えたのです。

斎藤道三はその姿を見て、「こいつは大物だ。娘の濃姫を織田信長にやろう」と決めました。

斎藤道三は、娘の婿になる織田信長の姿を事前に見ていました。

「なんだ、あのだらしない格好は」と思い、織田信長に会う時には正装する必要はないと、だらしない格好で臨んでいました。

斎藤道三はそれで裏をかかれたのです。

服装をきちんとする人は、チャンスをつかみ、イニシアチブを握ることになるのです。

一流の男の身だしなみ 06

銀行に行ける服装をしよう。

07

いい服を着ると、歩幅が大きくなる。

いい服を着ると、歩幅が大きくなります。
堂々感が出ます。
その服を着ることによって、自己肯定感が上がることが大切です。

「なんとなく頑張ろうという気持ちが湧いてくる」
「今日はなんかできそうな気がする」
「仕事ができる人間になったような気がする」
「姿勢がよくなった気がする」

「背が高くなった気がする」

「視野が広くなった気がする」


こういう気分は、服装でつくられます。

女性はこれが明解にわかります。

女性が勝負服を着るのは気合を入れたいからです。

男性は毎日同じようなスーツを着ているので、つい麻痺してしまいます。

男性も、毎日勝負服を着ることによって自己肯定感が上がります。

「よし、今日のプレゼンは通るような気がする」

「今日誰に会っても怖くない」

「誰かと出会いがないかな」

と、押し出しが強くなります。

向こうからきちんとした人が来た時に、「シャツにシミがついているから、声をかけるのは今度にしよう」となると、チャンスがなくなります。

エレベーターで会いたかった人と会った時も、ネクタイをしていないと声をかけることができません。
声をかけても気おくれした状況が生まれます。
精神のアップ代が服装代なので、いくらかけてもかけすぎはないのです。

一流の男の身だしなみ 07

歩幅が大きくなる服を着よう。

08

いつもベストな服装をすることで、チャンスをつかめる。

中谷塾の男性の塾生は、みんなスーツを着て参加しています。
初めての人はカジュアルな服装をして来ます。
普通、土曜日にやっているセミナーにはカジュアルな格好で行きます。
スーツを着ている人がいると、「この人はかたいな」と言ったりします。
セミナーは出会いの場所です。
そこでチャンスが生まれることもあります。
その日初めて来た塾生は、人材派遣業をしています。
ヘッドハンティングをやっている人が、「今日はオフなので」とカジュアルな格好で来たのです。

仕事をする大人にとってオフの日などありません。

オフに出会った人がビジネスにつながることもあります。

「今、再就職先を探しているんだけど」という人がいても、兄ちゃんの格好をした人には頼みません。

兄ちゃんの格好をしている時に、企業の人事課の人に出会ったら、その人からの信頼はなくなります。

服装は、信頼をつくります。

いつチャンスに出会うかわかりません。

「今日は土曜日だから出会わない」ということはないのです。

自分が一番油断している時に出会いが起こります。

これはマーフィーの法則と思われていますが、違います。

油断している時のほうが出会うことが多いのです。

その時に着ている服で、チャンスをつかめるか失うかが大きく分かれてしまいます。

「セミナーに勉強に来ているだけだから出会いはないだろう」と思わないことです。そこにどんな人が来ているかわかりません。

いつ誰に会ってもいいように常にベストな格好をしている人だけが、チャンスをつかめるのです。

一流の男の身だしなみ 08

チャンスをつかめる服を着よう。

09

「着やすい」イコール「いい服」ではない。

「着やすい服」イコール「いい服」という思い込みは勘違いです。
いい服は苦しいです。
いい服は、すべて補正下着だと思えばいいのです。
服装自体をラクにしようとすると、ジャージでよくなります。
そういう人は、スーツをジャージのように着ます。
2サイズ大きめの服を着ればラクです。
体はラクな服になじんで姿勢がどんどん悪くなります。
燕尾服は、きちんとした姿勢でないと着ることができません。

ボタンがとまらないのです。
そういう服を着ることによって、自分の姿勢が補正されます。

いい服は、気持ちを引き締めてくれます。
いい服は、甘やかせてはくれません。
いい服は、気合いを入れてくれるのです。
気合いを入れてくれる服は、楽な服ではないのです。
妥協しない服を着ることで姿勢がよくなり、オシャレさもアップするのです。

一流の男の身だしなみ 09

着やすい服に、流されない。

10

汚れてもいい服では、自己肯定感が上がらない。

雨が降りそうな時に、濡れるとズボンの折り目がとれるから、最初から折り目がとれているズボンをはいていこうとする人がいます。

服を買う時に、「こっちの色のほうが汚れが目立たないから」と選んだ服を着ていると、汚れが平気になります。

汚れが目立たない服を着ると、「まだ汚れが目立たないからクリーニングに出さなくてもいいだろう」という油断が生まれます。

汚れが目立たない服を着ていると、最終的には自己肯定感が上がりません。

洋服のシミに一番気づかないのは本人です。

ナプキンの位置に当たるネクタイは一番シミがつく場所です。

赤系のネクタイをしていると、ナポリタンのソースが飛んでもわからないだろうと思いがちです。

ところが、「相手が今ネクタイを見たな」という瞬間に自分の心がくじけます。

これが、自己肯定感が下がるということです。

汚れてもいい服を着ている時点で、自己肯定感は下がっています。

自己肯定感を上げるには、汚れが一番目立つ服を着ることです。

雨の日でも折り目がついたズボンをはくことが大切なのです。

一流の男の身だしなみ 10

自己肯定感が上がる服を着よう。

11

上り調子の人は、服装でわかる。

その人が上り調子か下り坂かは、すべて服装でわかります。
服装がダサくなっている人は、下り坂です。
服装がオシャレになっている人は、上り坂です。
オシャレとは、きちんとしているということです。
華美であるということではありません。
めんどくさいことをきちんとやって、細かいことに気を使えるということです。
オシャレは、決して派手、華美、キラキラをつけている、高い装飾品をつけている
ということではありません。

むしろ、装飾品が圧倒的に少ないベーシックな形は最もむずかしい。差がつくところなのです。

一流の男の身だしなみ 11

キラキラよりも、上り調子の服装をしよう。

12

自分がなりたいと思った服装をしているか。

鏡の役割は、「これは私がなりたかった服装か」と自分に問うてみるためです。

鏡に聞くのではありません。

そこで「ヤバい」と気づく必要があります。

ハダカになるとよくわかります。

大浴場に行って鏡に映った姿を見ると、「腹出てるな」「筋肉ないな」と気づきます。

服装になると、わからない人が多いのです。

おなかがタポタポしていたり、筋肉がないのを確認するのと同じように、服を着た姿を鏡に映して、写真に撮ってみればいいのです。

顔よりも姿勢と服装を見て「ヤバい」と感じることです。

カッコいい人は、高い服を着ているからカッコいいのではありません。きちんと着こなしているから、カッコいいのです。

姿勢がよくて、体に合った服を着ているからなのです。

一流の男の身だしなみ 12

なりたいと思っている自分の服装をしよう。

13

店よりも、服装で差がつく。

デートと接待は似ています。

オシャレでない男性は、デートや接待で、服より場所にこだわります。

頑張ってリッツ・カールトンとかグランドハイアットにしたのに、いつもの仕事服で行くのです。

「店にお金をかければ、女性は喜んでくれる」と思い込んでいるのです。

オシャレな人は、何を着て行くかにこだわります。

女性は、「いいな」と思っている人から誘われたら、勝負服で行きます。

または、わざわざそのために服を買ってきます。

それを着てグランドハイアットへ行くと、しょぼくれたスーツを着た男が来るのです。

女性の勝負服はホテルに合っています。

男性のショボくれたスーツは、あまりにもギャップが大きいのです。

いい店に連れて行けば行くほど、男性のスーツはダサく見えます。

それなら立飲みで十分です。

服にも立飲みの焼鳥のにおいがしみついています。

場所だけにこだわっていると、そういうマイナスが生まれます。

接待・デートでこだわることは、場所ではなく、服装なのです。

一流の男の身だしなみ 13

デートや接待は、店より、服装にこだわる。

14

ドレスコードは、男性にある。

レストランやパーティーの案内状には、よくドレスコードが書かれています。

このドレスコードは、男性で決まります。

女性にドレスコードはありません。

女性のファッションのバリエーションには、たとえばデニム素材のオシャレな服もあります。

男性にデニムのスーツはありません。

女性が着ているデニムは、男性がきちんとしたスーツを着ていると、オシャレな服になります。

男性がTシャツを着ていると、女性が着ているのはダサいジーンズになります。

中谷塾では、まず男性の塾生の服装を変えます。

そうすると、女性がどんどんオシャレになります。

男性がダサい格好をしていると、女性がどんどんダサくなるのです。

奥さんをオシャレにしたければ、だんなさんがまずオシャレになることです。

そうすれば自動的に奥さんもオシャレになります。

だんなさんが休みの日はジャージで1日過ごすようになると、奥さんはどんどん老けます。

「たまにはオシャレしろよ」と言っても、だんなさんがダサい格好をしているからオシャレできないのです。

「たまには外でごはんを食べましょうよ」と言われて、だんなさんがジャージからジーパンとトレーナーに着替えただけでは、ファミレスにしか入れません。

奥さんもジーパンにトレーナーという格好になって、どんどん所帯じみて老けた状態になります。
オシャレをしている限り、人間は老けません。
ジーパンとトレーナーが定番になると、どんどんオバチャンになります。
奥さんをオバチャンにしているのは、実はだんなさんの服装です。
カジュアルな服装では、ちゃんとしたお店が行動範囲に入りません。
ラクな服装によって、ますます気を張らないお店に行くようになるのです。

一流の男の身だしなみ 14

ドレスコードを守ろう。

15

子どものころの服装で、一生が決まる。

「食育」という言葉があるように、「服育」という言葉があります。

私は子どものころに、「紳士にならなければいけない」という教育を母親から受けていました。

私が初めてもらったジャケットは、父親のものです。

「これはパパが着ていたジャケット。オシャレなものだから」と譲り受けました。

私の家は染物屋で洋服も売っていたので、父親は服に対しては猛烈にこだわりがありました。

母親の服も全部父親が買っていました。

その父親や母親の洋服へのこだわりが、子どもの教育にそのまま生かされます。

親がダサいと子どもはそのままダサくなります。

これは必ず遺伝します。

食育と同じように、服育もする必要があるのです。


私は「ポケットには、手を入れてはいけない」という教育をされました。

ポケットは手を入れないように縫いつけられました。

冬でも半ズボンをはきます。

近所にマツザキ君という、家がお医者さんでお金持ちの子どもがいました。

「マツザキ君を見てみろ、年中半ズボンだろう。負けてもいいのか」と言われて、私も年中半ズボンでした。

お金持ちの家の子どもは、ポケットに手を入れる習慣がありません。

私も同じように教育されたので、大人になってもポケットに手を入れません。

「暑い時に涼しい格好、寒い時に暖かい格好をしたいならしなさい。そのかわり、あなたはカッコよさを放棄しなさい。カッコよさにこだわるなら暑い、寒いを言ってはいけません」とも言われました。
そのため、私のボキャブラリーの中には「暑い」「寒い」がありません。
「暑い」「寒い」を口にしなくなると、暑さ、寒さを感じなくなるのです。

一流の男の身だしなみ 15

子どもの服育をする。

第二章

オシャレは、失敗で磨かれる。

16

会話は相手の服装の話題から入る。天気の話をされたら、服装が失格だったということだ。

人に会って最初の話題が天候になるのは、自分がダサい服を着ていたということです。

外国ではオシャレな人に会うと、「いいスーツですね」「ビューティフル」「エレガント」と、天気よりもオシャレの話題から入ります。

外国人に会って、最初に「暑いですね」と言われるのは、「あなたはネクタイしていないいんですね」というイヤ味です。

これを唯一日本でやるのは京都です。

「そういう着方もあるんですね」とイヤ味を言います。

その時にイヤ味と気づかない人は「ありがとうございます」とお礼を言います。
ここで京都の人におちょくられるのです。

最初は相手の服装を話題にするのが上流階級のマナーです。

相手の服装に常に関心を持つということです。

服装に関心がない人は、相手の服装にもなんら関心を持てないのです。

一流の男の身だしなみ 16

相手の服装を、ほめよう。

17

お手本がないのではない。見つけられないのだ。

ファッションも仕事も、「この人カッコいい」というお手本を持つことです。

たとえば、仕事をしていると、オシャレなチームは全員オシャレになります。

ダサいチームは全員ダサくなります。

先輩・上司のオシャレ度が自分のオシャレ度を決めます。

とはいえ、なかなかオシャレな人はまわりにはいません。

自分の身のまわりだけでなく、もっと半径を広げて「こんなオシャレな人になりたい」と思える人を探します。

オシャレな人に会える場所に行き、その人に心の中で私淑すればいいのです。

その人と面識がなくても、「あんなオシャレな人になりたい」という自分のオシャレのお手本を持つことです。

オシャレのアドバイスはまわりの人に聞かないことです。

その集団から抜け出すことで上のチャンスがつかめるのです。

その集団にいると、今までどおりのチャンスしかつかめません。

オシャレな人は、必ず同じレベルの人とかたまっています。

ふだんごはんを食べに行ったり、仕事をするところには、自分よりもオシャレな人はいません。

自分よりオシャレな人がいても、自分がダサければ友達になってもらえません。

それぞれお互いの服装で、この人を仲間に入れていいかどうかを判断するのです。

イギリスでは、もともとの貴族と、新しく生まれたブルジョワジーという成金のグループがあります。

ブルジョワジーは、産業革命でのし上がった商人の中で、お金持ちになった人たちです。

日本では、ブルジョワジーは「お金持ち」と訳されますが、実際には「成金」です。

成金の人たちのあこがれは、貴族の人たちに自分たちが開いたパーティーに来てもらうことです。

パーティーを開いて、入口まで馬車でやって来た貴族の人たちが、「ここは私たちが来るところではない」と帰ってしまうと、ブルジョワジーはあせります。

みんなタキシードや燕尾服を着ていますが、やぼったい着こなしで、田舎者や七五三のように見えるので、貴族の人たちは帰るのです。

これは今日においても起こっています。

何段階もあるオシャレさの中では、きちんとした服を持っているだけでなく、着こなし方でクラスや集団が分かれるのです。

一流の男の身だしなみ 17

着こなしのお手本を持つ。

18

オシャレでない服を着ている時に、気持ち悪いと気づく感性を持つ。

オシャレでない服を着ている時に、自分自身が「今日は気持ち悪い」「居心地悪い」「今日ヤバいな」と気づくと、すぐ着替えたいという気持ちになります。

人は「ちょっとダサいですよ」とは言ってくれません。

それを言える友達や先生を持つことは重要です。

私は「今日ヤバくない?」「それで平気?」とはっきり言います。

その人のために言うのです。

みんながほめてくれるのはおせじで、ごまめの扱い（一人前扱いされないこと）になっていることに気づく必要があります。

私のダンスの先生も「髪型変えた？　ヘン」とちゃんと言ってくれます。

髪型がヘンというのは、奥さんも言えません。

「中谷さんから言ってください。私が言っても聞いてくれないので」と、だんなさんを中谷塾へ連れて来る奥さんもいます。

だんなさんは「まただ、誇張して言っているに違いない」と、奥さんの言うことを冗談に受け取るのです。

ヘンな時は自分で気づくことと、それをズバッと言ってくれる先生を持つことが、オシャレになっていくコツです。

何も言われないから間違っていないと思うのは大きな勘違いです。

通常は、相手の服装や髪型がヘンだと思っていても、言えないのです。

いかに自分で気づくかです。

オシャレなところに行って、「自分は浮いている」「場にそぐわない」「恥ずかしい」と感じることです。

それが「気持ち悪い」という感覚です。

気が引けはじめたところがスタートラインです。

気づかない人は、どうしようもありません。

平気で人の靴を履いて帰ったり、コートを間違えて帰るのは、体が鈍感になっているのです。

私は、人のモノは持った瞬間に「違う」とわかります。

重さが違うのです。

アルマーニのコートを間違えられたことがあります。

私が渡されたコートは、明らかに生地がピロピロです。

私のコートは友達の大金持ちの社長が持っていました。

私は、「社長、それは僕のコートですよ。コートはいいのを買わないと」とあえて言いました。

大金持ちなのにピロピロのコートを着ているのは、おかしいのです。

一流の男の身だしなみ 18

妥協した服の居心地の悪さを感じよう。

19

オシャレは勉強しないと、オシャレな人のオシャレさがわからない。

まず自分がオシャレの勉強をすることによって、誰がオシャレで誰がオシャレでないかの見きわめがつきます。

そうやって、日々「この人はオシャレだ」というお手本を自分で探せばいいのです。

「あの人は○○のブランドを着ている」「あの人は××のブランドを着ている」と、ブランドでオシャレを判断するのは間違いです。

「あの人はこういう着こなし方がオシャレ」という〝着こなし方のセンス〟が大切なのです。

それがわからない人は、ライオンの顔が描いてあるTシャツなんかを着てきます。

そういう人は必ず「これ、ブランド物なんですよ」と言います。
それはオシャレではないので、「好きにやってください」と言うほかありません。
ライオンの顔でビビらせているだけの服では、着こなしに成長がありません。
着こなし方に気づくためには、勉強する必要があるのです。

一流の男の身だしなみ 19

ブランド以外のオシャレに気づこう。

20

靴を履いて、全身が映る鏡を玄関に置く。

身だしなみがきちんとしていない人は、鏡を見ていません。

家に鏡がなかったり、顔の一部しか映らない小さい鏡しか持っていないのです。

「全身が映る鏡を買いました」と言う人に、「それ、どこに置いているの?」と聞くと、「ベッドの横に置いています」と言われました。

それでは靴を履いて見られません。

靴まで含めた全身を鏡に映して見ることが大切なのです。

ほとんどの人が、クローゼットの鏡で見たり、タンスの前の鏡を見て服を決めようとします。

一流の男の身だしなみ 20

靴を履いて、鏡を見よう。

一流ホテルは靴まで映る鏡があります。
ところが、安いホテルになるほど鏡が小さくなります。
一番安いホテルは、お風呂場の鏡でネクタイを締めるありさまです。
これが一流ホテルと二流ホテル、三流ホテルの違いになるのです。
オシャレは、最終的に靴を履いて全身を見ないとわかりません。
靴を履いて鏡を見て「なんか違う」と思う時は、もう1回着がえ直します。
女性がよくデートに遅れるのは、これが原因です。
「この服で行こうと思ったのに、靴に合わなかったから」と服を着替え始めます。
玄関には、靴を履いて全身をチェックする鏡を置く必要があるのです。

21

オシャレな人は、暑い寒いで、服装を決めない。

みんなが「暑い、暑い」と言っている猛暑日でも、私はスーツを着ます。
暑い、寒いよりもオシャレ、カッコよさ、ダンディーを優先します。
暑い日も汗は出ません。
夏に汗をかかないコツは、ネクタイを締めることです。
汗をかく人は、顔に汗をかきます。
ところが、着物を着た舞子ちゃんは絶対顔に汗をかきません。
汗をかいている舞子ちゃんはイヤです。
顔に汗をかくと、白塗りのメイクが落ちてしまいます。

舞子ちゃんは帯で胸元を締めることによって、帯より上には汗をかかない仕組みになっているのです。

これはビジネスマンも同じです。

ネクタイを締めると、顔に汗をかきません。

私はボールルームダンスをやっています。

ボールルームダンスでは燕尾服を着ます。

ボールルームダンスでは、汗をかくと失格です。

余裕しゃくしゃくで涼しげな様子を見せるのがボールルームダンスです。

汗をかいて必死に踊っている姿はありえません。

ブエノスアイレスでアルゼンチンタンゴを踊る人も、ひとつも汗をかかないでクールに踊っています。

アルゼンチンタンゴを踊って汗をたくさんかいている人は、踊り方を間違えています。

アウターの筋肉を使って、インナーの筋肉を使っていないのです。

ボールルームダンスの世界では、汗は背中に流します。
姿勢がいいと、汗は頭を通って首筋のうしろから背中に流れます。
暑い時こそ緩めるのではなく、締めて姿勢をよくする。
これで汗をかかなくなるのです。

一流の男の身だしなみ 21

便利さで服を選ばない。

22

いい靴は、脱ぎたくならない。

新幹線や飛行機の中で靴を脱ぐ人がいます。
日本の家は座敷に上がる時に靴を脱ぎます。
つい、そのつもりで脱ぐのです。
基本的に、靴を脱ぐのはマナー違反です。

新幹線で一番のハズレは、隣の人が靴を脱ぐ人だった時です。
別に水虫でにおっているわけではありません。
今からお弁当を食べようと思っているのに、脱いだ足を組んで、自分のほうに向けられるのです。
靴を脱ぐ人は、せっかくの出会いのチャンスをここで逃します。
ひょっとしたら、隣に座った人が偉い人の可能性もあるのです。
ちゃんとしている人は、外では靴を脱ぎません。

電車や飛行機にスリッパがついているのは日本だけです。
スリッパがあると、「脱がなくちゃ」という気持ちになります。
スリッパでペタペタ歩いて、オシャレになることはありません。
会社でサンダルに履き替えるのは、日本がまだ発展途上国を引きずっているからです。

オッサンたちは、みんなスーツでサンダルです。
女性も、ハイヒールをつっかけに履き替えます。
つっかけでチョコチョコとお昼ごはんを食べに行くのです。
上がどんなにオシャレでも、下がつっかけでは台なしです。

一流の人は、くつろいでいる時もきちんと靴を履いているのです。

一流の男の身だしなみ 22

電車や飛行機で、靴を脱がない。

23

ホテルの朝食にきちんとした服装で行くと、次回、アップグレードされる。

日本人で、ネクタイ&ジャケット姿でホテルの朝食を食べている人はまずいません。特に海外で、日本人はほとんどがジャージ姿で目をショボショボさせながら朝食に来ます。

新婚さんカップルなら仕方ありません。

ビジネスマンで、リッツ・カールトンやグランドハイアットのような一流ホテルであるにもかかわらず、ズボンにノーネクタイのシャツで朝食のビュッフェに来る人がいるのです。

「浴衣で出てきているわけじゃないから、いいじゃないか」という感覚です。

外国人はみんなネクタイをしてジャケットを着てきます。

それがホテルマンに「この人はきちんとしたお客様だな」と気づかれるコツです。

その時にもう1つ大切なのは、目がパッチリあいていることです。

私はパッチリとした目をするために目薬を差しています。

目をショボショボさせていると、「こいつ朝に弱いな」と思われます。

朝、どれだけきちんとした格好をしているかで、その人がリスペクトされるかどうかが決まります。

ネクタイ&ジャケット姿で目がパッチリあいていると、次からVIP扱いを受けたり、アップグレードをしてもらえます。

ホテルマンもその人をきちんとしたお客様として、いい席にご案内するということが起こってくるのです。

一流の男の身だしなみ 23

ホテルの朝食には、ネクタイ&ジャケットで。

24

リゾートほど、服装に気をつける。

オシャレに差がつくのは、リゾート地です。

リゾート地では、たいていの人はジーパン、Tシャツ、ビーサン姿になります。

それしか持って来ていないので、一流リゾートで晩ごはんを食べる時にちゃんとした服がありません。

きちんとしたレストランにジーパン、Tシャツ姿で行くと、「お客様、ちょっと」とお店の人にとめられます。

「ネクタイ、ジャケット着用なので」と言うレストランは、一揃い準備してあります。

タキシードまで置いてあって、「この中でお好きなものをどうぞ」と言われます。

それがダサいのです。

「あなたはうちへ来る資格はないですよ」というイジメです。

借りている本人はそれに気づいていません。

Tシャツ姿で「なんで入れないんだ」と文句を言う人は、お店に対してのリスペクトがありません。

「オレは客だぞ」と言いますが、お店のトーンを壊す人はお金を払ったからといってお客様ではありません。

お店のイメージがマイナスになるからです。

お店のインテリアとして大切なのは、お客様の服装です。

ほかの人はきちんとしているのに、ビーサン、Tシャツ、ジーンズ姿の人がいると、どれほど高級なインテリアを使っていても、お店はオシャレでなくなるのです。

一流の男の身だしなみ 24

リゾートほど、きちんとした服を着よう。

25

シーズンは、1カ月先行する。

常に今のシーズンより1カ月先行した服を着ることが大切です。
同じ服でも、何月に着ているかで大きな違いがあります。
1カ月先行する人はオシャレで、ダサい人は1カ月遅れます。
この2カ月の差で、オシャレな人とオシャレでない人が分かれます。
その月に合わせた服を着ている人は、実はいません。
1カ月先行して着ている人と、1カ月遅れて着ている人の2通りに分かれるのです。
オシャレな人は、クローゼットの夏物と冬物を早めに入れ替えます。
1カ月遅れた服を着る人は、クローゼットの夏物と冬物の入れ替えが遅れているのです。

1カ月遅れた服を着る人は、クローゼットがあふれてギューギューになっています。

応接間をきれいにしたり、キッチンをオシャレにしていても、クローゼットが大混乱になっていると、その人のオシャレさは磨かれません。

目で見ているだけでは気づかないものです。

写真に撮って、初めて愕然とします。

「こんなに散らかっているのか。TVの汚部屋シリーズで紹介されるよ」と思うくらい散らかっていることがあるのです。

クローゼットの状態と、その人の服装の状態は同じです。

クローゼットが散らかっている人は、その人の服装も、オシャレではありません。

クローゼットが片付いている人は、その人の服装も、オシャレなのです。

一流の男の身だしなみ 25

季節感を、ショーウインドウに合わせよう。

26

シルエットと素材を合わせる。

カジュアルな服装のコーディネートで、ありがちなのは上下をダサく組み合わせることです。

なんでも組み合わせればいいのではありません。

ほとんどの人が色で上下を組み合わせます。

上が細身で下が太いのはおかしいです。

上が細身なら下も細身にします。

素材も上下で合わせる必要があります。

上が夏の素材で下が冬の素材ではおかしいです。

色だけで判断すると、シルエットと素材の組み合わせが考えられないのです。

一流の男の身だしなみ 26

シルエットと素材を意識しよう。

27

サイズがピッタリ合って着こなせないと、ボーイさんになる。

「タキシードを買っても、着る機会があるかどうかわからない」と悩んでいる人がいます。

そんなことを考える前に、とにかく買ってしまうのです。

買うと機会が生まれます。

タキシードは、回数をこなさないと着こなせません。

タキシードで大切なのは、ボーイさんに見えないことです。

ボーイさんに見える人は、サイズが合っていないのです。

ボーイさんはお店のタキシードを借りて着ているだけなので、必ず大きめです。

一流の男の身だしなみ 27

フィット感に、敏感になろう。

タキシードは体に合わせて円柱形でつくります。
体にフィットしているかどうかが一番バレる服です。
タキシードはオーダーメイドで一番安い生地でつくるのがベストです。
お仕立て代は、高い生地でも安い生地でも同じです。
「お仕立て代」プラス「生地代」がオーダーメイドの費用です。
オーダーメイドをやっているお店なら、そんなにひどい生地は扱っていません。
その中で一番安いものを買って、それを着つぶします。
次に買う時に、少しずつ生地のレベルを上げていけばいいのです。
タキシードは、一生物ではありません。
スーツよりもタキシードのほうが、より消耗品なのです。

28

横柄なのではない。教わっていないだけだ。

ドレスコードがブラックタイ（タキシード）のパーティーに行きました。

会場には世界中の人が来ています。

その時、愕然としたのは、席に着いたオヤジがタキシードの上着を脱いで、椅子の背中にかけたのです。

そのオヤジが横柄なのではありません。

知識がないだけです。

居酒屋でジャケットを脱いで座るのと同じ感覚です。

これは、日本に洋服という文化が入りながらも、まだその意味をわからないまま洋服を着ていることのあらわれです。


シャツは、もともとは下着です。

昔はパンツがなかったので、長く伸ばしたシャツをパンツの代わりにしていました。

上着を脱ぐということは、パーティー会場でパンイチになっているのと同じです。

それも会社の社長らしきオヤジが、座わる時にジャケットを椅子の背にかけるという習慣を公の場でやったのです。

それを世界の人に見られると、日本はこんなレベルかと思われてしまいます。

日本は明治時代に開国して150年たっているのに、まだ文化が入っていないなと見られるのです。


タキシードはお金で買えます。

ところが、知識は勉強しなければ身につきません。

「100万円払うから、この錠剤を飲んだら知識を得られるようにしてほしい」ということはできないのです。

同じフォーマルのパーティーに夫婦で出席している人がいました。

ご主人のタキシードを見るとシワシワなのです。

タキシードのシワに気づかないでいると、奥さんが笑われます。

タキシードはそれほど頻繁にクリーニングに出すものではありませんが、シワはNGです。

本人が気づかなくても、一緒にいる奥さんは気づく必要があります。

このご主人は横柄なのではありません。

単に知識がなかったりして、自分が恥ずかしいことをしていると気づいていない。

それが原因で、世間から「横柄だ」「品がない」と思われてしまうのです。

一流の男の身だしなみ 28

苦手を言いわけにしない。

第三章

勇気と希望が湧くスーツの選び方。

29

そのスーツは、希望をくれるか。

「そのスーツは希望をくれますか」

これは、あるブティックのキャッチフレーズです。

宮益坂上に看板が出ています。

私は広告屋なので、職業病でついコピーを見てしまいます。

これは突き刺さります。

たしかにそうです。

スーツは暑さ寒さをしのぐために着るものではないのです。

私は大学で文化人類学を学びました。

文化人類学では、「服」は大きなテーマです。

動物は服を着ないのに、なぜ人間は服を着るのかということです。

服は、その人のステータスのあらわれです。

威厳をあらわすために服があるのです。

本来、服は偉い人だけが着るものでした。

今は平等になって誰でも服を着られるようになりました。

なのに、どうしてわざわざショボい服を着てしまうのでしょうか。

きちんとした身だしなみをすると、勇気と希望が湧いてきます。

ワクワクして、明日が楽しくなります。

人と出会うのが楽しみになって、仕事も生き生きできます。

そういう精神的なメリットが大きいのです。

暑さ寒さをしのぐのは、マイナスをゼロにするだけです。

ゼロをプラスにしていくのが服の役割です。

今、自分のクローゼットのワードローブの中に、「今日はこれでいいか」「まだこれ着れるし」というスーツが入っています。

そんなスーツが自分に希望をくれるかということです。

これを着て偉い人に会って、「今度うちで働かないか」と誘われるかどうか、自分に問うてみます。

これはスーツに限りません。靴にしても、すべての持ち物に関して、自分に希望をくれるものになっているかどうかです。

スーツが高いか安いかは、希望代として高いか安いかということです。

「暑さ寒さをしのぐため」とか「ハダカでウロウロしていたら捕まるから、とりあえず何か巻いておく」というレベルのものではないのです。

一流の男の身だしなみ 29

希望をくれる服を着よう。

30

安いもの3つより、いいものを1つ買う。

今はデフレのおかげで、昔に比べると安くてもいいものがたくさんあります。
予算が10万円の時に、

①安いスーツを3着買う
②高いスーツを1着買う

という2つの選択肢があります。
予算配分とバリエーションを考えると、つい安いスーツを3着買いがちです。

ここは迷わず10万円で1着です。

人が見るのはバリエーションではありません。

その1点が、いいものかどうかです。

「毎日同じ服を着ているね」と言われてもいいのです。

きちんとブラシをかけて、クローゼットのハンガーにかけておけば、3着で少なくともローテーションはできます。

安いものと高いものをどう見分けるかです。

私は、新幹線に乗った時に、まわりの人の服装を見ています。

「この人はオシャレだな。こういうスーツもありかな」と思っていたら、降りる時にその人のうしろに立つと、ダサいのです。

安い服は、前はきちんとつくっていますが、うしろはケチっています。

ハンガーにかかっている時は前しか見ないので、うしろは手抜きです。

人間の印象は、前が「1」に対して、うしろは「9」です。

買う時は、前だけでなく、横とうしろも見たほうがいいのです。

プレゼンでホワイトボードやプロジェクターを使う時も、エレベーターを待つ間にうしろに得意先の社長が来た時も、見られるのは背中です。

前からの出会いよりも背中からの出会いのほうが圧倒的に多いのです。

背中がどれだけオシャレかということです。

洋服のシワや汚れをチェックする時は、常に背中を意識することが大切なのです。

高いスーツと安いスーツは、うしろから見ればわかるのです。

一流の男の身だしなみ 30

安いモノと、いいモノの違いに気づこう。

31

オシャレな人に、見立ててもらう。

自分で洋服を選べない人は、アドバイザーとしてオシャレな人に買い物についていってもらうことです。

何を買えばいいか、見立ててもらえばいいのです。

いくらか払って見立ててもらうのが、一番間違いがありません。

この授業料を惜しまないことです。

パーソナルスタイリストをつける企業の経営者は、そこにきちんとお金を払ったほうがよりいいモノが買えると知っているのです。

その授業料をケチって自分で判断すると、とんちんかんなモノを買ってしまいます。

見立ててもらう時は、靴から持ち物に至るまでトータルで、着こなし方も教えてもらいます。

オシャレな服を買えばOKではありません。

その服の着こなし方で差がつくのです。

「オシャレな服を買ってきました」と言われて見るとヘンに感じるのは、その人が着こなし方を学んでいないからです。

どんな道具でも、道具を買えばそれで一流になれるというわけではありません。

その道具を使いこなせて初めて、その道具が生かされるのです。

一流の男の身だしなみ 31

見立ててもらえる友達を見つけよう。

32

失敗して、恥をかきながら、覚えていく。

中谷塾では、「ちゃんとした格好をして来ること」「体にジャストサイズの服を着ること」と教えています。

「先生、ちょっと見てください。昨日買ってきたんです」と言う塾生を見ると、今風の服を着ていました。

量販店ではなく、オシャレブランドの店で買ってきたものです。

服には、

①オーソドックスで伝統的なスタイル

②今年流行のモード
の2タイプがあります。

①のベーシック系はそれほど変化がありません。
②のモード系は流行の振れ幅が大きいのです。
流行が細い時は細く、太い時は太いという違いがはっきり出ます。


「見てください」と言った彼は、モード系を買っていました。

モード系で一番細いタイプを着ているので、ズボンがスパッツに見えます。

ちょうど秋祭りのだんじりの時期で、上着を脱いだらそのままだんじりを引っ張りに行ける感じです。


服は、最初は失敗しながら選んでいけばいいのです。

特にズボンに関しては、細いものが流行する時期があります。

ズボンがあまりに細くなりすぎると、若造に見えてしまいます。

一流の男に見られるには、流行に左右されない服を持つことです。

一流の男の身だしなみ 32

恥をかきながら、覚えよう。

33

試着する時は、姿勢をよくする。

服は、ジャストサイズで買うのが大原則です。

「新しい服を買ってきたので見てください」と言われて見ると、

「あれ、２サイズ大きいよね」

「いや、お店で買った時はジャストサイズでした」

ということがありました。

これは試着した時の姿勢が悪かったのです。

姿勢が崩れるとサイズは大きくなります。

きちんと背筋を伸ばして頭を高い位置に持っていくと、一番細いサイズになります。

背中を丸めたまま着ると、腰まわりも胴まわりも2サイズ大きくなるのです。

猫背で試着して服を買った人は、私が姿勢を直すとジャケットとズボンがダボダボになります。

試着をする時は姿勢をよくする必要があるのです。


お店の人が2サイズ大きいものを勧めるのは、クレームにならないため、そして、着やすいような印象を与えるためです。

ジャストサイズを持っていくと、「かたい」とか「きつい」とか「合っていない」とか言われます。

ジャストサイズを着て破れたら、直さなければならないし、面倒です。

お店の人の「お客様でしたら、これぐらいですね」という言葉は信用しないほうがいいのです。

「僕、採寸してオーダーメイドでつくっているんです」と言う人も、私が姿勢を直すと2サイズ大きいことがあります。

オーダーメイドでも、お店の人は姿勢を直してくれません。

猫背の人には、その姿勢に合う服をつくります。
それがテーラーの力でもあります。

猫背はその人本来の姿勢のよさではありません。
その人が持っている本来の姿勢のよさに戻すと、猫背の時より2サイズ小さい服がジャストサイズになるのです。

一流の男の身だしなみ 33

いい姿勢で、試着しよう。

34

フィッティングの時間を惜しまない。

身だしなみをきちんとするには、洋服を買う時のフィッティングをめんどくさがらないことです。

1着の服を買うには、10着の服を着る必要があります。

柄違いの服、サイズ違いの服を着てみます。

自分よりも大きいサイズ、小さいサイズを着てみて、ジャストサイズの服を決めます。

ほとんどの男性は、買物の時間をできるだけ短くしたいと思っています。

究極は、通販です。

通販のほうが安くて手間も省けます。

お店で買うと、通販より高いです。

お店の家賃や従業員の手間があるからです。

高い金額を払う価値があるのは、ジャストサイズの服が買えることです。

通販でも、返品をすればサイズを変えてくれます。

上下のサイズを一遍に試着できるのがお店で買う利点なのです。


女性は買い物が好きなので、娯楽として時間を費やします。

男性が自分の服を買う時は、1秒で買えたらこんなに最高なことはないと思っています。

これが服に対してのこだわりがなくなるということです。

服を買う時には、必ず上下のサイズを着ます。

試着はめんどくさい作業です。

L・M・SやY○号、A○号というサイズ表はついています。

それはまったく当てになりません。

メーカー独自の基準だからです。

人間の体は千差万別です。

ラフサイズならなんでもいいのです。

形が違うものは、着てみないと絶対にジャストサイズはわかりません。


たとえば、靴のサイズが26・5センチの人がいます。

それぞれのメーカーで足の木型があり、メーカーによってすべて特徴が違います。

26・5センチの靴ならなんでも入るということはありません。

靴を買いに行った時は、ワンサイズ上、ワンサイズ下の靴を履いてみなければ、ジャストサイズの靴はわかりません。

同じメーカーでも木型は変わります。

靴メーカー同士のM&Aがあるのです。

M&AでそこにOEMしている会社が変わると、木型やデザイナーが変わります。

そうすると、前までサイズが合っていたメーカーでも、次のデザイナーでは木型が変わってサイズが合わなくなったりします。

サイズは1ミリの勝負です。

靴は26・5センチの次のサイズが27センチになります。

しかし、靴を買う時は、5ミリなどという大ざっぱな単位ではなく、1ミリ単位で合わせる必要があるのです。

一流の男の身だしなみ 34

買わないで出てくるマナーを持とう。

35

こだわりのある店員さんがいるお店で買う。

一流店というのは、服や靴に対してこだわりのある店員さんがいるお店です。
一流のモノを置いているお店ではありません。
今はセレクトショップでも一流品を置いています。
ただし、スタッフがそのモノにこだわりがありません。

靴を買いに行きました。
店員さんにこだわりがあるかどうかは一目でわかります。
気に入った靴を履いてみることにしました。

右足を履いた時に「左も履かれますか」と聞く人は、靴にこだわりがないとわかります。

靴は必ず両足履いて、歩いて決める必要があるのです。

中の詰物を出して、ひもをほどいて履いてもらうのはめんどくさいです。

「ヘタにシワでもついたら困る」と思う店員さんは、その靴にこだわりがないのです。

この時点で、「このお店で買ってはいけない」「このお店は従業員にそういうふうに指導しているんだ」と判断できます。

お客さんの側も、右足だけを履いて「決めます」と言うと、「このお客様は靴にこだわりがないんだな」と従業員に見抜かれます。

お互いさまの問題です。

一流の男の身だしなみ 35

お店よりも、店員さんで選ぼう。

36

服の相談ができる、店員さんを持つこと。

かかりつけのお医者さんには、恥ずかしいことでもなんでも言えます。

重要なのは、言いにくいことが言えるということです。

洋服に関してもまったく同じです。

いろいろなことを相談できるお店を見つければいいのです。

「こうしたいんだけど」「ああしたいんだけど」と、事細かくやりとりできるスタッフがいるお店で買い続けたほうがいいです。

服を買う時は、「前買った時はこうだった。3カ月着たらこんな感じだった」というデータが必要です。

かかりつけのお医者さんと同じぐらい、服装に関して相談できる、信頼できる、自分の好みをわかってくれている人が提案してくれるものは、まず間違いありません。

私は銀座の大和屋シャツ店でシャツをつくっています。

そこには私の歴代の試行錯誤のカルテがあります。

どういう工夫をしたか、何をチャレンジしたか、何をやめたかという時系列のプロセスが全部残っています。

自分の採寸表は、病院の自分のカルテと同じです。

長めにしたい、細めにしたい、これをやってみたけど思うようにいかなかったという、職人さんと一緒につくってきたプロセスを残すことが重要です。

安いお店で買うと、過去の時系列のデータが残りません。

オシャレでない人は、オシャレさよりも値段を優先します。

「店員さんとやりとりしている?」と聞くと、「僕が行っているお店は店員さんがいないんです」と言う人がいます。

流通センターで並んでいる靴を、自分で勝手に選んでレジへ持って行くという買い方をしているのです。
これでは永遠にオシャレにはなりません。
安さを優先することは、オシャレさを犠牲にしているのです。

一流の男の身だしなみ 36

相談できる店員さんを持とう。

37

オーダーメイドは、スーツより、シャツが目立つ。

オーダーメイドで、自分に合わせてシャツをつくります。
スーツにお金をかけるより、シャツにお金をかけたほうがいいのです。
シャツは手を抜きがちです。
シャツの襟のサイズが合っていない人が圧倒的に多いのです。
新卒の大学生の面接なら、まだかわいらしいです。
シャツのサイズが合っているだけで面接に通ります。
ほとんどの人が大きいからです。
そもそも小さいサイズは着られません。

ブカブカの状態でネクタイを締めるから、よれてダボダボになります。

理由は簡単です。

「私は人と接するのが好きです」と言っているクセに、お店の人とやりとりをしていないからです。


「何かお探しですか」と聞かれた時に「大丈夫です」と言って、目の前にあった3枚1000円のシャツをパッとつかんでレジに行ったのです。

その時に「すみません、首まわりのサイズがわからないので、はかってもらえますか。僕はこのサイズで大丈夫ですか」というひと言が言えたら、ジャストサイズのシャツが買えます。

大人になっても、自分の首まわりのサイズがわかっていない人が多いのです。

ジャストサイズとは、首まわりのサイズ・プラス1・5センチです。

それをお店の人に聞けばいいのです。


シャツのオーダーメイドでは、50項目は質問されます。

初めて行くなら、1時間はとっておきます。
「○○はどうしますか」「△△はどうしますか」「××はどうしますか」……という50の質問に、すべて答えなければならないのです。

一流の男の身だしなみ 37

スーツよりも、シャツにお金をかけよう。

38

買ってきた日に、家で100回脱いだり着たりすることで、体になじませる。

だんじり祭りに出られるくらい細いズボンを買ってきた塾生に、「君、脱ぐ時、ストッキングみたいに裏返るだろう」と言うと、「昨日お店で1回脱いだだけで、家では脱いでいないのでわかりません」と言いました。

こういう人が多いのです。

オシャレなスーツを買ってきても、「今度ちゃんとした場があるまで着ないんです」と言う人がいます。

服は、買ってきた日に100回着る必要があります。

そうしないと、服はハンガーの形になります。

100回脱いだり着たりするまでは、自分の服にならないのです。

身だしなみがきちんとしているというのは、自分の体に服が合っている状態です。

そのためには反復作業が重要です。

新しく買った服は100回着ます。

100回脱いだり着たりすれば、自分の服になります。

体になじませるために100回着替えると、マラソンをしたぐらいの疲労感があります。


オシャレな人は、その服を着たまま寝てしまいます。

寝返りをうつとシワになります。

シワになっていいのです。

自分のシワをつける必要があるからです。

自分の体に合ったシワはいいですが、そうでないシワはオシャレではないのです。

一流の男の身だしなみ 38

買った日に、100回着よう。

第四章

スーツは、男の「戦闘服」である。

39

服は、絵画でなく、彫刻。

オシャレでない人は、服の色で勝負しようとします。
服は絵画だと勘違いしているのです。
服は彫刻です。
大切なのはシルエットです。
いかに立体でとらえるかです。
ハンガーに下がっている状態ではわかりません。
必ず自分で着てみます。

服には「平面的な着方」と「立体的な着方」があります。

ジャケットを着た時にいきなりボタンをとめるのは、平面的な着方です。「きついですね」と言いますが、それは着方が間違っています。

ジャケットを着る時はまっすぐに立ち、襟の下を持って左右交互にしごくように引っ張り、首のうしろに隙間がないように合わせます。

次に、襟下を左右交互に前に引っ張って、わきの下と背中が密着するようにします。

そうすれば、ボタンは余裕を持ってとめられます。

これがジャケットの立体的な着方です。

うなじとわきを合わせて着ると、シングルのジャケットがダブダブになって、まるでダブルのようになります。

2サイズ大きい服を間違って買っているのです。


ボタンのとめ方で、その人の身だしなみがわかります。

ボタンをとめる時は、うつむかないようにします。

うつむいてボタンをとめると、背中が丸まって、ボタンがきつくなるのです。

ジャストサイズのジャケットを選ぼう

◉ジャケットの正しい着方

①まっすぐに立ち、襟の下を持ってしごくように左右交互に引っ張り、首のうしろをピタッと合わせる。

②襟下を持ち、左右交互に前に引っ張って、わきの下と背中に隙間ができないようにする。

◉ボタンは背筋を伸ばしてとめる

①試着の時、ジャケットのボタンをうつむいてとめると、大きなサイズを選ぶことになる。

②ジャケットのボタンは顔を上げたまま、横から手を伸ばしてスッととめる。肘の位置は体より前に出す。

鏡があれば、鏡を見ます。

鏡がなくても、胸を張って姿勢をよくすると、ボタンはラクにとまります。

肩を上げて、のぞき込んでとめるのは、見た目もオシャレではありません。

こうして着るとよけいにきつくなるので、ダブダブのジャケットを選ぶことになるのです。

感覚として、服は平面ではなく、3Dでとらえます。

立体の彫刻と考えると、色や柄より形が大切だということがわかるのです。

一流の男の身だしなみ 39

鏡より、体で感じよう。

40

ベーシックを、まず押さえる。

ベーシックはスーツです。

服を選ぶ時に、変化球から入っていくタイプの人がいます。

変化球は、上下を別にした着方です。

「まずスーツで練習しろ」と言うと、「雑誌で上下バラバラな着方が出ていました」と言う人がいます。

ベーシックを着こなせない人が上下バラバラの着方をすると、めちゃくちゃダサいことになります。

ベーシックの着こなしは簡単です。

まずベーシックのスーツを着こなすことが大切です。

企業の経営者が「この人を雇おう」、投資家が「お金を出そう」、女性が「この人とごはんを食べに行きたい」と思うのは、スーツをオシャレに着こなしている人です。

女性や投資家や採用担当者が見ている感覚がわからない人は、上下バラバラに着てしまいます。

スーツを上下バラバラに着るのは、絶対にありえません。

男性は「上下が黒の無地なら、バラバラでもわからないだろう」と思っています。

ヨウジヤマモトの黒の分類は30種類あります。

同じ黒でも、まったく違います。

男性は脳の中で色彩を細かく見きわめる力がないのです。

女性から見ると、「上下まったく違うものを着ている」ということになります。

最悪なのは、ストライプのジャケットを単体で着ることです。

ストライプは上下そろっていないとヘンです。

スーツは、まず、ズボンからダメになります。

クリーニングもズボンから先に出します。

折り目も早くとれるし、座るたびにお尻がてかってきます。

メンテナンスに出した時に上下バラバラにならないように、スーツを買う時は必ず替えズボンを買っておくことです。

一流の男の身だしなみ 40

上下のスーツを、バラバラに着ない。

41

ジャケットのボタンは、立っている時はとめて、座っている時は外す。

ジャケットのボタンは、立つ時にとめて、座る時には外すのが基本です。

実際に立ったり座ったりして、ボタンの感じを確かめてみることです。

立ち上がってボタンをとめる時は、見ないでとめます。

両手で横からとめるしぐさが、身のこなしとして美しいのです。

中井貴一さんが弁護士役で自分の弁論を始める時は、必ず立ち上がってボタンをとめます。

ここで信頼感が出るのです。

オシャレでない人は、立っている時にジャケットのボタンをあけています。

ジャケットはボタンの数でとめ方が異なる

◉2つボタンのジャケットの場合

ジャケットのボタンは、立つ時はとめて、座る時は外す。2つボタンのジャケットなら、一番上のみをとめる。

◉3つボタンのジャケットの場合

3つボタンのジャケットは、上から2つまでをとめる。

ベルトが見える状態はオシャレではありません。

ジャケットの前のボタンはジッパーと同じです。

ジャケットの前のボタンがあいていても平気な人は、ジッパーがあいていても平気な人と同じぐらい恥ずかしいことをしているのです。


3つボタンと2つボタンで、どのボタンをかけるかという問題があります。

通常、一番下のボタンはあけてもいいのです。

一番上のボタンは、胸のラインを決めるためにとめておきます。

一番上のボタンをあけておくと、胸のあたりがガフガフします。

2つボタンなら一番上、3つボタンなら上から2つをとめればいいのです。

一流の男の身だしなみ 41

ボタンをとめる習慣をつけよう。

42

ポケットは、モノ入れではない。

服は便利な機能より、デザインで選ぶものです。

男性は、ポケットの多い機能的な服が好きです。

服を機能で選ばないことです。

たくさんモノが入る服がいいのではありません。

それを着ることによって姿勢がよくなり、自己肯定感が高まり、ヤル気が湧いてくる服がいいのです。

すべての服は軍服です。

サラリーマンにとってのスーツも軍服です。

軍服のよさは着やすさでは決まりません。

軍服を着ると姿勢までカチッとなります。

ダンスでは燕尾服を着ます。

燕尾服を着ると、どんなに姿勢が悪い人でもちゃんとした格好になります。

どんなに姿勢が悪い人でも、和服を着ると姿勢が正されます。

正装は、「姿勢を正す」という意味があり、その人の自己肯定感が高まります。

これに対して、**機能を優先して服を選ぶ人は、ポケットにモノをたくさん入れます。**

お店で買った時にオシャレだったのに、家に帰って着てみるとダサかったり、雑誌で見たオシャレな服を実際に買って着てみると、カッコよく見えないことがあります。

これはモデルが違うからだという思い込みは間違いです。

一番大きな違いは、雑誌やお店ではポケットにモノが入っていないことです。

デザイナーは、ポケットにモノを入れる想定でデザインしていません。

ポケットはあくまでデザインであり、機能ではないのです。

男性は、女性と違ってバッグを持ちません。

いろいろなモノをついポケットに入れてしまいます。

どんなにスマホが軽くなっても、スマホが入ることによって重さが加わって生地が伸びたり、左右の均等が崩れます。

どんなにスマホが薄くなっても、体に添わせている服のラインをスマホの硬い面が壊してしまいます。

ポケットの怖さは、1個入れ始めると無限にいろいろなモノを入れたくなることです。

これは、**〝カバンを着ている〟**状態です。

機能優先で服を選ぶ人は、最終的には釣りのジャケットを着るようになります。

釣りのジャケットはポケットの数が勝負です。

ポケットにモノを入れる人は、スーツを釣りのジャケット状態に変えてしまうのです。

一流の男の身だしなみ 42

ポケットにモノを入れない。

43

オシャレな人は、靴に合わせて服を決める。

今デパートには、いろいろなモノを一緒に買いにまわってくれるコンシェルジュがいます。

ヨーロッパのお店は、「まず靴から買いましょう」と最初に靴屋に行きます。

だから靴屋が1階にあるのです。

最近、日本も靴屋が1階にあります。

昔の日本は、靴屋は地下1階のパンツ売場の横にありました。

靴は最後に買っていたのです。

オシャレな人は、買った服に合わせて靴を選ぶのではなく、靴に合わせて服を決め

ます。

それぐらい靴は身だしなみの中で重要なのです。

悲しいかな、日本の靴の文化は150年と日が浅いです。

まだ下駄、草履の世界なので、靴に対してのこだわりがあまりありません。

ところが、ホテルの人も女性もVIPもみんな靴を見ます。

オシャレでない人は、靴が思いきり目立つということに気づいていません。


飛行機のファーストクラスで隣り合わせになりました。

座っていて目に入るのはお互いの靴です。

離れたところにいる人の靴も見えます。

以前、イラストレーターのわたせせいぞうさんと一緒に本をつくるためにモナコに行きました。

飛行機を降りたあと、わたせさんに「中谷さん、あの飛行機の暗い中で中谷さんの靴が光っていました」と言われました。

イラストレーターなので光を見るのです。

私がいつも靴を磨いてもらっているホテルオークラの源さんにこの話をすると、喜んでもらえました。

それは磨いてくれている人の力なのです。

それぐらい靴で勝負がつくのです。

一流の男の身だしなみ 43

靴に合わせて、服を決めよう。

44

オシャレな人は、服のセンターが合っている。

着こなしがダサい人は、服のセンターが合っていません。
ジャケットの背中や、ネクタイとシャツのボタンのセンターが合っていないのです。
ズボンのバックルも左右どちらかに偏っています。
女性でいうと、スカートがまわってしまう状態です。
男性のズボンもまわってしまいます。
本当は、背骨はまっすぐなのでセンターは合うはずです。
姿勢が悪いからセンターがズレるという現象が起こるのです。
自分でまず最初にチェックするのは、センターが合っているかどうかです。

ほとんどの人が片側の襟が落ちています。

これは、ショルダーバッグを肩にかけてジャケットが引っ張られるからです。

いざという時に両手が解放できたり、スマホが打てるようにと、ショルダーバッグを持つ人がまた増えています。

ショルダーバッグはスーツを壊します。

ショルダーバッグでは、オシャレになりません。

肩にヘンなシワが寄ったり、姿勢を壊すからです。

デザイナーは、ショルダーバッグを肩にかけられるように服をつくってはいないのです。

一流の男の身だしなみ 44

センターを合わせよう。

45

ズボンの折り目がついていない人は、シワがついている。

ズボンにつけなければいけないものは折り目です。

つけてはいけないものはシワです。

折り目がついている人には、シワはついていません。

シワがついている人には、折り目がついていません。

シワがついている人は、自分のズボンにシワがついていることに気づいていません。

カッコよくなるということは、その人が自分のズボンの状態にセンシティブになることです。

一番シワがつきやすいのは、うしろ側です。
ズボンの折り目は前にあります。
まわりから見た時に一番目につくのは、ズボンに折り目がついているかどうかです。
二番目に目立つのは、膝のうしろのシワです。
「服はいくらぐらいのものを買えばいいんですか」という質問はナンセンスです。
一番大切なのは、購入価格ではなくメンテナンスにかける費用なのです。

一流の男の身だしなみ 45

シワのついたズボンをはかない。

46

家に、ブラシを持っている。

帰ってきたら、服はすぐにブラッシングします。
ジャケットは、クリーニングに出すと生地が傷みます。
ブラシをかけてほこりを落とす習慣がついているかどうかです。
まず、家にブラシがあることが大切です。
靴に関しても、ほこりが一番傷むもとです。
オシャレな人はモノを大切にします。
イチロー選手がグラブの手入れをするのと同じです。
プロにメンテをお願いした時は、メンテの仕方を教わります。

「これはふだんどうすればいいですか」と聞くと、「簡単にこうやっておいて、3カ月に一遍持って来てください」と教えてくれるのです。

一流の男の身だしなみ 46

脱いだらブラシをかけよう。

47

ベルトを小僧のように下げない。

ある時、中谷塾の塾生が「中谷さんはどこで服をつくっているんですか。担当は誰ですか」と聞くので、私が服をつくっているお店と担当者を教えてあげました。

その塾生が「中谷さんと同じようにしてください」と服をつくりに行きました。

しばらくそのことを忘れていて、「そういえば僕と同じ服をつくると言っていたのはどうなったの?」と聞いてみると、「これです」と言いました。

その時、まわりにいたみんなが「エッ」と驚きました。

見た目がまったく違ったのです。

ベルトがゆるゆるだったので、「まずちゃんと着よう」と言いました。

身だしなみが悪い人は、ベルトをきちんとしたサイズにしないでズボンをはいていることが多いのです。

「ベルトを緩めないでちゃんとした位置ではこう」と言うと、たいていの人は穴が2個移動します。

ベルトの穴の間隔は2・5センチなので、5センチ詰まります。

そうすると、ズボンの裾が10センチぐらい上がって靴下の上の肌が見えたのです。

10センチは、誇張ではありません。

私の服は、時代に流されないイギリス流の定番のスタイルでつくっているので、丈は長めです。

「なんでそんなに丈が短いの?」と聞くと、実は買って試着した時にダボダボだったのでお店の人に怒ったそうです。

「中谷さんと同じようにしてくださいと言ったのに、なんでこんなダボダボなんですか。中谷さんはダボダボになっていません」と言って、裾を詰め直したのです。

ダボダボになったのは、試着の時にローライズではいたからです。

今、30代~40代の人は若いころにローライズを体験しているので、ズボンを下げてはく習慣がついています。

ちゃんとした服も下げてはくので、裾が短くなります。

「お店にさんざんクレームを言ったんですよ」と言っていましたが、お店の人も気の毒です。

切った裾は伸ばしようがありません。

服装で大切なのは、年齢よりいかに大人に見えるかということです。

若く見せようとする必要はないのです。

これが仕事のチャンスをつかむということです。

ベンチャーで成功したサイバーエージェントの藤田晋さんは、いかに自分が年長に見えるかを、服装でもずっと考えていました。

投資家や自分より年長の人たちと会う時に、若造に見られたくないからです。

若くても一人前に見られるようにしてチャンスをつかんできたのです。

仕事をする上で、ローライズで兄ちゃんばきをする人は半人前の人間と見られてしまうのです。

一流の男の身だしなみ 47

ベルトをきちんと締めよう。

48

カジュアルなベルトを、スーツにつけない。

「スーツを買ってきました」と言われて見ると、ジーンズのベルトをしている男性がよくいます。

「ベルトならなんでも一緒だろう。しかもジャケットの前のボタンをかけたら見えないし」と思うのは間違いです。

ベルトにもカジュアルとスーツ用があります。

ベルトが一番目立つのです。

スーツを着ているのに、時計のベルトがカジュアルでは違和感があります。

トータルでコーディネートする必要があります。

ビジネス用のスーツを着ているのに、大きいバックルのついた遊び用の太いベルトをするのはおかしいです。

ある時、「ちょっとチェックしてください」と言われて見ると、ベルトをしていませんでした。

「ベルトはどうした？」

「忘れました」

「もう夜なのに、今日1日どうしてたんだ？」

「家にはあるので」

こういう人は、その日のチャンスをなくしてしまうのです。

一流の男の身だしなみ 48

ベルトを使いまわさない。

49

ベルトは、おなかを引っ込めた状態で締める。

塾生の服装を整える時に、私はまずベルトの緩みを直します。おなかを引っ込めたところでベルトを締めるのです。

「苦しいです」と言いますが、それが本当のおなかの位置です。

それに慣れたら、おなかは引っ込みます。

「でも、ごはんを食べたあとはどうするんですか」と言いますが、なぜデブった状態を基準に置くのかという話です。

ベルトが締まっていると、食べすぎることもありません。

ベルトを人前で緩めるしぐさはセクハラです。
外国でそれをやると、セックスを連想させるので、侮辱になります。
「おまえ、やっちゃうぞ」という意味になるのです。
外で平気でズボンをずり上げる人がいます。
そもそもズボンをずり上げるのは、ベルトが緩いからです。
着物の帯は、息苦しいぐらい、足で締め上げるぐらいきつく締めます。
ベルトを緩めていると、行き着く先はフリーサイズのゴムのジャージです。
締めると姿勢が正しくなります。
ベルトが筋肉の代わりです。
コルセットと同じです。
その状態に慣れると、やがてラクになります。
緩めると、際限なく緩めていくことになります。
ベルトを締めるだけで胸囲が大きくなります。
食べたらきつくなるのは、常におなかを緩めているからです。

太っている人は、しんどいからといって、つい大きめを着てしまいます。

自分のサイズより大きいものを着ている時点で、アウトです。

体は、着ている服のサイズまで太ります。服を買い直すたびに太っていくのです。

ラクな服装でラクな着方をする人は、長いベルトを使います。

長いベルトは、5つある穴の一番内側でとめます。

「もっと締めろ」と言うと、「もうこれ以上穴がありません」と言うのです。

ベルトの先がビロロンと長く伸びている状態です。

ベルトは真ん中の穴でとめる

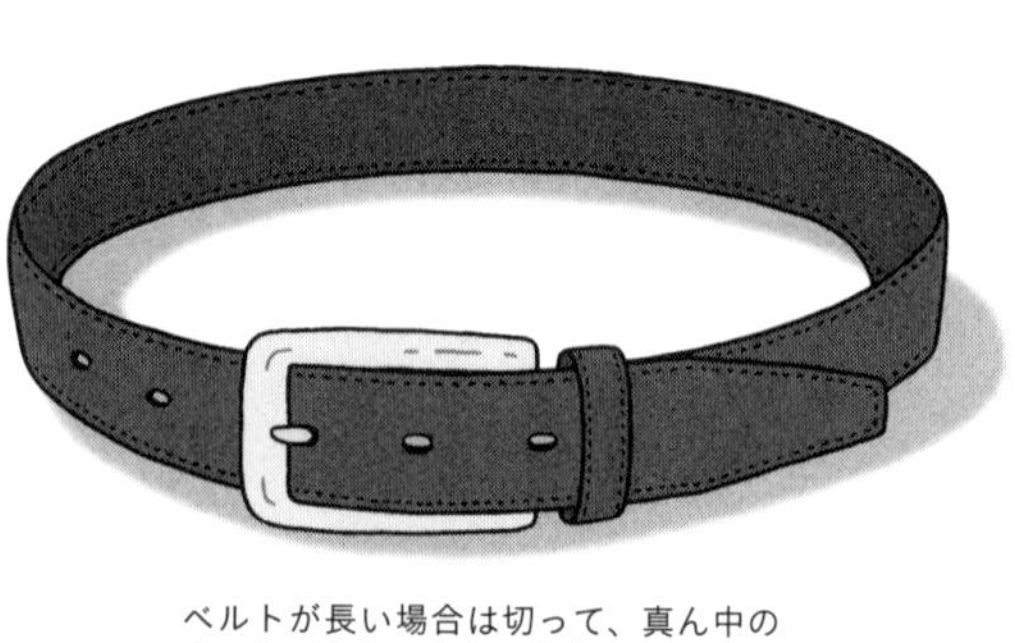

ベルトが長い場合は切って、真ん中の穴でとめられるように調整しておく。

これは、ベルトに自分の体を合わせているのです。
ベルトが長い場合は、切って調整することができます。
その手間を怠っているのです。

ベルトの先が長く伸びていても、短すぎても、着方を間違えているのです。
ベルトは、5つある穴の三番目でとめるのが正しいのです。

一流の男の身だしなみ 49

キツメのところで、ベルトを合わせよう。

50

正装が求められる場所に行く。

私は、ビジネススクールで夏と冬にリーダーマナー養成講座をやっています。

その教室では、「先生に直してほしかったらスーツで来なさい」と言っているので、冬に来る人が多いのです。

「夏にスーツで行くのはめんどくさい」と思う人は二流です。

亜熱帯化している日本においては、夏と冬では、夏のほうがだらしなくなりやすいのです。

みんながラクをしたい夏場にきちんとネクタイをして行くことで、その人のレベルが上がります。

服装における負荷をかけることで、その人の服装や身だしなみのレベルが上がるのです。

ふだんからちゃんとした格好をしていると、ヘトヘトに疲れます。

タキシードや燕尾服を着なければいけないパーティーに行くと、ヘトヘトになります。

「ふだんあまりタキシードを着る機会がないし」と言う人も、タキシードをつくる必要があります。

タキシードをつくって平気で着こなせるようになると、スーツなんて楽勝です。

ダンスをする人間は燕尾服を着ます。

燕尾服を着ている人間は、タキシードがラクな服装になります。

自分にとってより窮屈な服装、より窮屈な場所に行くことによって、1段下のレベルが楽勝になるのです。

ゴルフの服にも、オシャレなものはたくさんあります。

ふだんダサいゴルフの服を着ていると、スーツを着るのがつらいというレベルになってしまうのです。

一流の男の身だしなみ 50

ドレスコードがある場所に行こう。

51

パーティーは仕事着のまま、行かない。何か1点を、華やかにする。

オシャレな夜のパーティーなのに、仕事帰りのスーツのまま来る人がいます。

これが一番困ります。

その人にとっては、それが一番の勝負服なのです。

1点でいいから、何か変えて行ったほうがいいのです。

ポケットチーフを入れたり、時計やメガネを変えたり、ネクタイを少しエレガントなものにします。

昼間の服装は労働の服です。

そのままでは行かないようにします。

パーティーにはポケットチーフだけでも加えよう

◉ポピュラーな TV ホールド

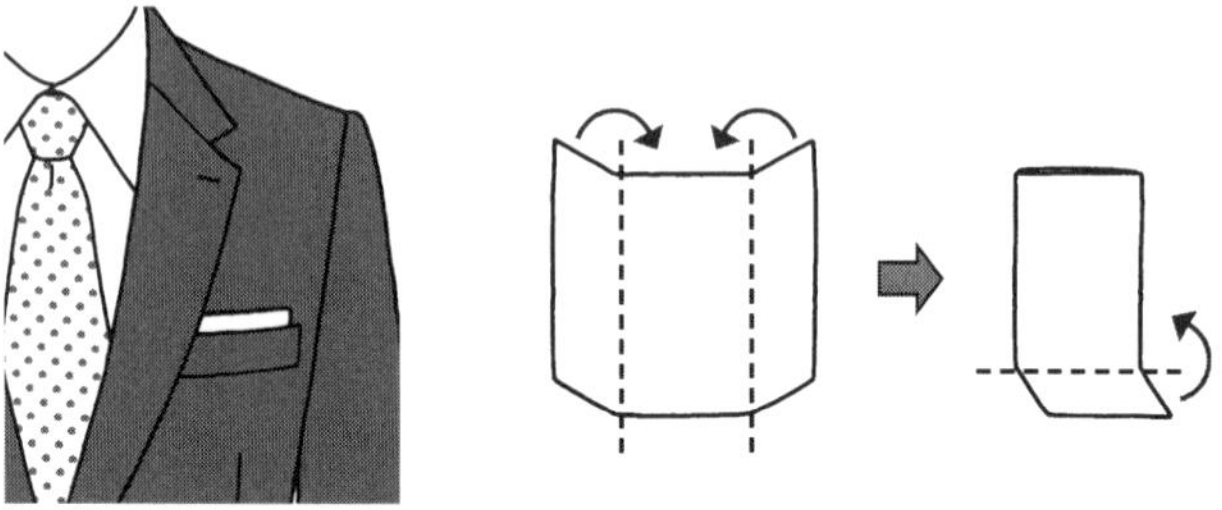

ポケットチーフを 4 分の 1 に折り、さらにポケットの幅に合わせて両端を折る。長さも適宜折って合わせる。

◉華やかなスリーピークス

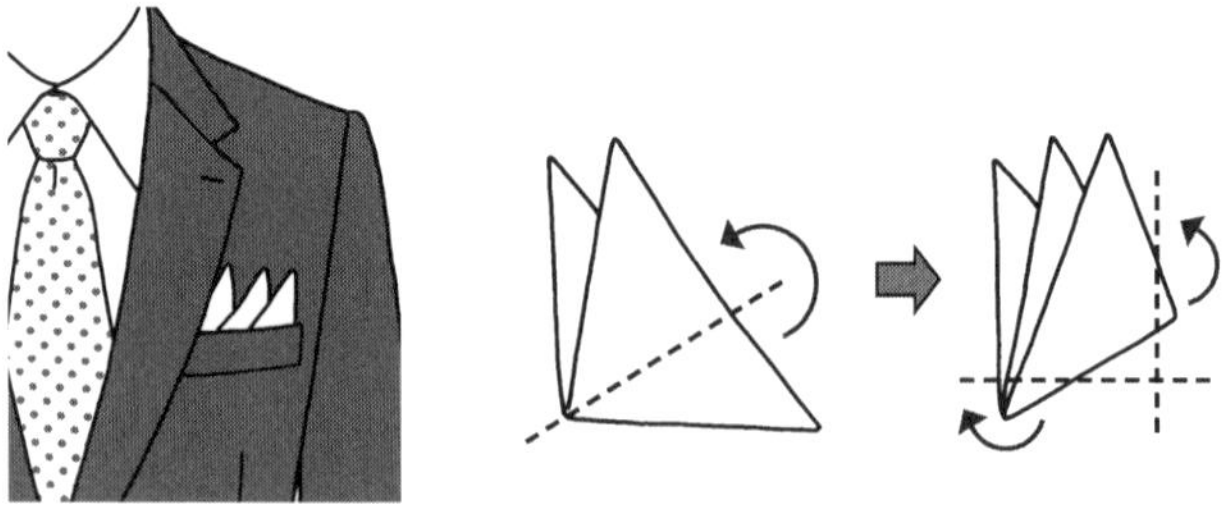

ポケットチーフを三角形に 2 つ折りにし、角がずれるようにもう一度、2 つに折る。さらにもう一度、角をずらして山が3つになるように折る。

労働の服でパーティーに来るのは、パーティーの主催者に対するリスペクトがなさすぎます。

パーティーに華を添えるために、お土産は持ってこなくていいのです。

服装がギフトです。

服装には自分なりのアレンジを加えます。

丸ごと着替える必要はありません。

ただし、ほかの人たちが着替えて来ないところでは、あえて着替えて行くことで、相手へのリスペクトが伝わるのです。

一流の男の身だしなみ 51

パーティーには、1点変えて行こう。

52

髪型は、お任せにしない。どこでもいいお店で切らない。

美容師さんは、なかなか言ったとおりの髪型にしてくれません。

その人がどこまで覚悟ができているかを見抜いているのです。

ヘタに言うとおりにして、お客様に逃げられたら困ります。

徐々に徐々に変えるのが美容師さんのやり方です。

髪型を変えたいなら、本当に覚悟があるのを見せることです。

「美容院に行ってきたら」と言ったのに、次に会った時に何も変わっていない人がいました。

「なんで行かなかったの」と聞くと、「いや、行ってきました」と言うのです。

それは覚悟がないのを美容師さんに見抜かれているのです。

きちんとした人に見られるには、サイドの髪が耳にかからないで、おでこを出すことです。

つまり、ショートカットです。

新米に見られたければ、今風の髪の毛で、いくらでも伸ばしていいのです。

美容院には「お任せコース」と「オシャレコース」があります。

ほとんどの男性は「お任せコース」です。

お任せにすると、無難な庶民の髪型になります。

美容師さんも嫌われたくないので、勝負に出られないのです。

「オシャレコース」には覚悟がいります。

男性は女性と違って、あまり美容院にこだわりません。

どこでもいいからすぐ入れるところ、または1000円カットの店に行ってしまいます。

これをやっていると、永遠にオシャレにはなれません。
自分のことをわかってくれているなじみの美容師さんを持つことが大切なのです。

一流の男の身だしなみ 52

美容師さんに、オーダーを入れよう。

53

オシャレな人ほど、メンテナンスに出すのが早い。

クリーニングは、汚れてからではなく、汚れる前に出します。
一番わかりやすいのがボタンです。
ボタンの糸が1本ピロンと出てくることがあります。
まだとれていませんが、やがて緩んできます。

オシャレでない人は、とれてからメンテナンスに出します。
しばらくはボタンがピロピロのままプレゼンに行くのです。
相手からすると、気になってしようがありません。

ジャケットの締まりも甘くなります。

とれたあともしばらく気づかないし、ボタンもなくなっています。

この感性を直していくことが大切です。


ボタンに糸が1本出たら、その時点でメンテナンスに出します。

タイミングが大切です。

自分が直せなくても、奥さんが直せなくても、町にはお直しの店がたくさんあります。

クリーニング店でも、サービスしてくれます。

1個とれ始めたら、ほかのボタンもとれ始めます。


今は、安い服でもモノ自体はそんなに悪くありません。

一番弱いところがボタンです。

メンテに出す時に、お店の人と「ここに圧がかかるので、強めの糸にしておいてください」というやりとりをします。

そうすることで、服が自分のものになっていくのです。

一流の男の身だしなみ 53

とれる前に、ボタンをつけ直そう。

54

シャツは、毎日クリーニングしたてを着る。

アイロンがかかったシャツを着ることで、気持ちの張りが変わります。

今は家でも洗濯できるタイプのシャツがあります。

形状記憶でも、アイロンが大切なポイントです。

クリーニング屋さんがありがたいのは、アイロンをかけてくれることです。

自分の心にアイロンをかけているのと同じです。

汗をかいたら、1日に2回でも3回でも着替えます。

シャツは下着です。

パンツを毎日はき替えなければならないのはわかります。

シャツは「まだあまりシワになっていないから」ということで、次の日も着てしまいます。

これが加齢臭のもとです。

クリーニングの袋を破ってシャツを着る瞬間に、自分の気持ちが切り替わります。

その日1日、「よし、今日も頑張るぞ」という気持ちになるのです。

一流の男の身だしなみ 54

クリーニング代をケチらない。

55

ネクタイが曲がっている人の話は、気になって聞けない。

ネクタイが曲がっている人が、けっこういます。

講演を聞きに行くと、たしかにいい話はしているのに、講師のネクタイが曲がっているのです。

これでは気になって話に集中できません。

人前で話すすべての人に起こりえます。

本人は「いい話さえすれば聞いてもらえる」と思っています。

話の中身で勝負しようとしているのです。

話す中身のレジュメは事前にチェックしています。

ネクタイが曲がっているかどうかまでは、なかなか気がまわりません。

楽屋に姿見があるのは、ステージに出る前に、もう一度全身をチェックするためです。

そんなことで聞いている人の集中力を途切れさせないためです。

たとえば裁判で、検事のネクタイがまっすぐで、弁護士のネクタイが曲がっていたら、「これは有罪だな」という気持ちに流れていきます。

曲がったネクタイの影響力は大きいのです。

一流の男の身だしなみ 55

常にネクタイをまっすぐにしよう。

56

クールビズは、いいかげんにすることではない。

明治になって日本人はきちんとネクタイを締める文化を学びました。

にもかかわらず、いつの間にかノーネクタイの人が世の中に圧倒的に増えています。

最初は夏場だけでした。

ところが、10月、11月に入ってもクールビズの名残で、いつまでもネクタイを締めない人がいます。

これは、夏場のクールビズの間に、ネクタイを締めないことがラク、締めることがめんどくさいという体になっているからです。

このままいくと、ウォームビズでまた締めなくていいところへなだれ込む可能性があります。

これでは、国全体がダサくなってしまいます。

クールビズの考え方は、〝いいかげんにする〟ことではありません。本来の意味は、〝暑苦しくなくする〟ということです。

ある官公庁のイベントで、「ノーネクタイでお願いします」と言われました。

私はネクタイをしていても涼しげなので大丈夫です。

ネクタイをとることがクールビズだというのは解釈を間違えています。

官公庁は、ネクタイをとらないと、「クールビズをしないでクーラー代をムダづかいしているんじゃないか」と怒られることを心配しているのです。

クールビズは、単にネクタイを外すことではなく、暑苦しくなくすることが大切なのです。

一流の男の身だしなみ 56

暑苦しくなくしよう。

57

休みの日の服で、チャンスが変わる。

ビジネスマンは、月曜日から金曜日はスーツを着ています。

そのスーツをちゃんと着こなせているかどうかは、実は土曜日、日曜日にどれだけ身だしなみに気を使っているかで勝負がつきます。

今、目の前にある瞬間だけでなく、土曜日、日曜日のレベルを上げることで月〜金のレベルが上がるのです。

土曜日、日曜日のレベルが下がっていると、どんなに月〜金のレベルを上げようとしてもムリです。


オシャレな人は、圧倒的に土曜日、日曜日がカッコいいです。

中谷塾は毎週土曜日にセミナーをやっています。
そのセミナーにきちんとした格好で来るようにと伝えています。
そうすることで、月曜日から金曜日がきちんとした格好に変わってくるのです。

一流の男の身だしなみ 57

休みの日に、オシャレをしよう。

第五章

オシャレな人は、小物で差をつける。

58

床に置いた時、立つカバンが、自立している人のカバンだ。

カバンは持った時にブラブラしないことが大切です。
そのためには、アタッシュケースのように持ち手が短くて1つのものを選びます。
持ち手がブラブラするトートバッグは買物袋やエコバッグで使われます。
便利なので、つい使ってしまいがちです。
女性は、エコバックでもまだいいのです。
男性がビジネスの現場でエコバッグを持っていたらヘンです。
プレゼンの説得力もなくなるのです。
カバンで大切なのは、置いた時に立つことです。

カバンを寝かせたり、足にもたれかけさせたりすると、その人自身が自立していない印象になります。

カバンに、人格が出るのです。

学生ならまだいいのです。

革でないと、学生に見えます。

革でも立たないタイプはダメなのです。

ビジネスマンがアタッシュケースを持つのは、床に置いた時にきちっと立つからです。

それが、その人がきちんとしている姿勢のよさを感じさせるのです。

一流の男の身だしなみ 58

床に立つカバンを持とう。

59

名刺入れは薄いもので、毎日入れ替える。

名刺入れと財布が厚くなるのは、毎日入れ替えていないからです。
よけいなモノでパンパンになっています。

名刺入れの中に何十枚も入れる必要はありません。
カバンの中にも名刺入れを用意しておけば、服のポケットに入れる名刺入れには5枚もあれば十分です。

大勢に会う時はたくさん入れて、あまり会わない時は最低限の枚数にします。
ダンドリと連動しているのです。

名刺がその人の人格をあらわすのは、日本の文化です。
外国では、名刺はただのカードです。
名刺入れがなく、ゴムでとめていても平気なのです。
それは日本の文化ではオシャレではありません。

もらった名刺と渡す名刺がゴチャゴチャになっている人がいます。
そのままにしておくと、折れたり、すぐに出せなくなります。
名刺入れは、銃のようにスッと出せる状態にしておきます。
名刺入れをズボンのポケットに入れるのは論外です。
ジャケットの下のポケットもダメです。
名刺入れは、お守りさんと同じです。
胸より上から出せるように、内ポケットに入れておきます。
体のラインが一番きれいに出るところです。
厚い名刺入れを持っていると、ジャケットの形が崩れます。

名刺入れに、よけいなモノは入れないようにします。


中谷塾の塾生で、名刺入れにルーペが入っている人がいました。

「最近、老眼で小さい文字が見えなくて」と言うのです。

バンドエイドが8枚も入っています。

「何かの時にいるから」と言うのです。

まるで救急箱です。

ひどい人になると、丸い輪っかの跡がついていて、5年は使われていないコンドームまで入っています。


財布も、ほうっておくと、よけいなカードや領収書がかさばっていきます。

1日たったら、昨日のものは出します。

財布は最小限の厚みにしておきます。

小銭入れは、別にしてカバンに入れておきます。

そうすれば、ジャケットの形は崩ません。

名刺入れと財布をお道具箱にしてはいけないのです。

一流の男の身だしなみ 59

名刺入れを、毎日入れ替えよう。

60

いつでもあげられるハンカチを持つ。きれいなハンカチを持つ者だけが、相談者になれる。

ハンカチは常に2枚持つようにします。

1枚は「実用」、1枚は「人にあげる用」です。

女性の相談ごとを聞く時は、途中で女性が泣いてしまった時のためにハンカチを持っていることが大切です。

ブランドのハンカチである必要はありません。

きれいにアイロンがかかって、シワがない、濡れていないハンカチであればいいのです。

そこにその人の清潔感が出ます。

人にあげられるハンカチを持つことが、清潔感のあらわれなのです。

一流の男の身だしなみ 60

相手に渡せるハンカチを持とう。

61

帽子はかぶる頻度で、カッコよさが決まる。

私の父親は帽子をかぶる習慣がありました。
それをそのまま私は受け継いでいます。
子どものころから学生帽をかぶるのが好きでした。
帽子は、カッコよくかぶるとカッコいいのです。
カッコ悪くかぶると、とてつもなくダサくなります。

帽子は、姿勢をよくして胸が上がっていないと浮いてしまいます。
「帽子にかぶられる」という状態です。

帽子は体の軸の上にストンとのせます。

姿勢の悪い人が帽子をかぶると、貧乏くさくなるのです。

帽子でダサくなる人は、かぶり方が浅く、上が上がった状態です。

外国の映画を見るとわかります。

下っぱは、浅くかぶって前が浮いています。

マフィアの親分さんは深くかぶります。

深くかぶる時は、まず、頭のうしろを目いっぱい入れます。

前だけ入れて、うしろが上がっている人が多いのです。

帽子は、うしろを目いっぱい下げて、前をさらに下げます。

片方の目が見える状態が、帽子の正しいかぶり方です。

慣れていないと、なかなか深くかぶれません。

上がどんどん上がって、幼稚園児の帽子になるのです。

帽子はココ一番の時にカッコよくかぶろうとしても、むずかしいのです。

帽子をカッコよくかぶるコツ

◉カッコ悪い帽子のかぶり方

✕

帽子はうしろにかぶると兄ちゃんっぽくなる。これは大人のかぶり方ではない。

◉ダンディな帽子のかぶり方

○

帽子は頭のうしろを入れて、ツバを持って前のほうを引き下げ、目深にかぶる。

これは、すべての身だしなみについて言えることです。

ふだんやっていないのに、勝負の時だけカッコよくしようとしてもムリです。

ふだんから常にカッコよくすることを心がけます。

帽子のカッコよさは、かぶる頻度で決まるのです。

一流の男の身だしなみ 61

帽子を、深くかぶろう。

62

座っても肌が見えないロングソックスが、本来の靴下の長さ。

座った時は、ズボンより靴下のほうが目立ちます。

「ちゃんとしているな」と思っていた人にガッカリするのは、座った瞬間に靴下の上にスネが見えた時です。

座っている時間は、けっこう長いのです。

その時に、まわりから見てダサくないようにすることです。

私はいつもロングソックスを履いています。

日本では「ロングホーズ」とか「ハイソックス」と呼ばれています。

「ハイソックス」というと、女の子が履いている白い靴下を思い浮かべます。

これは日本独自の呼び方です。

オジサンが履いている普通の長さの靴下が「ショートソックス」です。

これは、座った時にスネが見えるタイプです。

イギリスでは長い靴下が普通です。

タモリさんはオシャレです。

「笑っていいとも」のレギュラーだった時に、タモリさんのところに挨拶に行くと、いつもロングソックスを履いていました。


靴下で大切なのは、スネが見えないこと、透けないこと、ダブつかないことです。

安い靴下がダサいのは、ダブついているからです。

靴下の品質の差は、ずり下がってくるかどうかの差です。

安い縫製では締まらないので、歩いているうちにずり下がります。

生地の素材よりも、縫い方のほうが大きいのです。

ズレない靴下の見分け方は、ツマサキとカカトのゴアラインです。

ゴアラインが長ければ長いほど、靴下はズレなくなります。

勉強するには、いろいろ買ってみます。

これはすべてのファッションに言えることです。

最初から高いものだけを買わないほうがいいのです。

高いものと安いものの両方を買うことで、結果として「安いものはそれなりだな」ということがわかります。

安いものを買う意味は、安さの理由を勉強できることなのです。

靴下のゴアライン

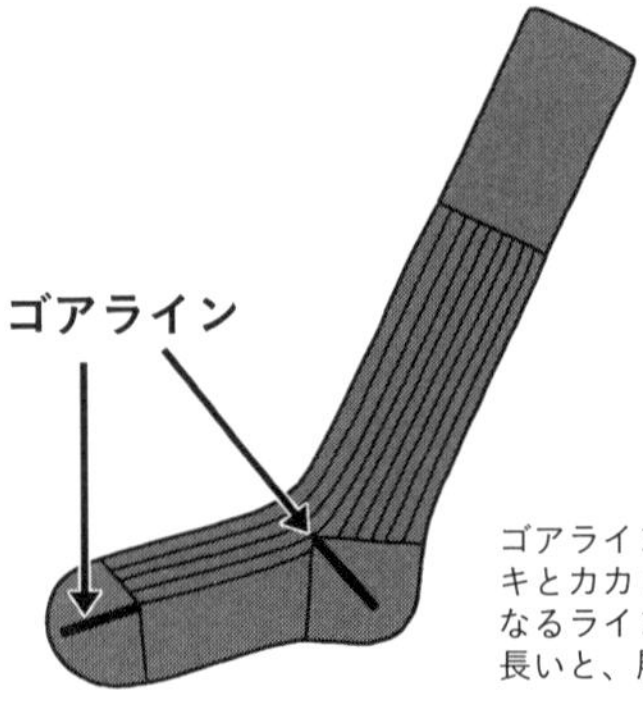

ゴアラインとは、靴下のツマサキとカカトにある、織り目の異なるラインのこと。この部分が長いと、履き心地がよい。

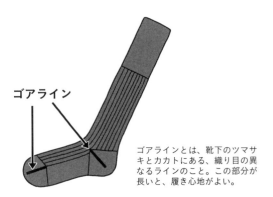

一流の男の身だしなみ 62

靴下を、ずらさない。

63

カカトを一度踏むと、靴はダメになる。

靴は、脱ぐ時にひもをほどいて、履く時にひもを締めます。
これが大人の男性の靴の履き方です。
ひものない靴は、お年寄り用か幼児用です。
ひもは、かために締めないと緩んできます。
時々、ひも靴をほどかないで脱いだり履いたりする人がいます。
これは、すでに緩んでいます。
完全にお年寄り状態なのです。

靴を履く時に、指で履いたり、つま先をカンカンカンとやるのはオシャレではありません。


靴の命はカカトです。

居酒屋では、並んでいる靴を飛び越えて自分の靴を履きます。

そこで靴を踏まれたら、10万円の靴も1回でアウトです。

カカトを踏むと芯が折れてしまうので、使い物になりません。

履いた時のフィット感が台なしになるのです。

靴の命はカカトのホールドです。

女性がふざけて「履かせて」と言ったりしますが、断らないと平気でカカトを踏んでつぶしてしまいます。

スニーカーのカカトを踏んで履く習慣の人もいます。

カカトを踏む人は靴に興味がないのです。

ちゃんとしている店や家には靴ベラが置いてあります。

今は玄関に靴ベラがない家がたくさんあります。

「すみません、靴べラをお借りできますか」と言っても、ないのです。

その家は「カンカンカン」の人が大勢来る家です。

きちんとひもをほどいて、足にフィットするジャストサイズの靴を履いているお客様が来ないのです。

靴べラを置かないことで、ますますそうなります。

仕方がないので、私はマイ靴べラをいつもカバンに入れて持ち歩いているのです。

一流の男の身だしなみ 63

脱ぐたびに、靴のひもをほどこう。

64

シューキーパーは、靴の数だけ持つ。

「シューキーパーを持ちましょう」と言うと、お気に入りの靴にだけシューキーパーを入れる人がいます。

お気に入りとお気に入りでない靴があるのです。

シューキーパーがいらない靴は持たないようにします。

シューキーパーは靴の数だけ持つことです。

シューキーパーを入れないと、どんどんそり返って、ギョーザ靴になってしまうのです。

脱ぐたびにシューキーパーを入れ、履く時にシューキーパーを外すのはめんどくさい作業です。

時には指を挟みます。

そのめんどくさいことをすることで、靴に愛情が湧くのです。

めんどくささと交換に、カッコよさを手に入れるのです。

一流の男の身だしなみ 64

シューキーパーのいらない靴を持たない。

65

一流の男は傘を高く持つ。

傘は高く持つことで威厳が出ます。

ほとんどの人は傘を低く持っています。

待合わせの場所に、傘を低く持つ人と高く持つ人がいたら、信頼できるのは傘を高く持つ人です。

姿勢がいいと、傘は軽くなります。

姿勢が悪いと、傘は重くなります。

傘を持つ手がどんどん下がってきて、顔が隠れます。

頭が当たるぐらい低くなるのです。

やがては藤の枝を肩に担ぐ藤娘になります。
折りたたみ傘は柄が短いので、たいてい藤娘状態です。
信楽焼のタヌキと同じです。
威厳はまったくありません。

私は、ビジネススクールのリーダーマナー養成講座でもこれを教えています。
傘は柄《え》の長さが勝負です。
折りたたみ傘の限界は、どんなに高級なものでも柄が短いことです。
柄が長めの折りたたみ傘もありますが、これはカバンに入りません。
折りたたみ傘を外づけできるカバンも、なにかダサいのです。
カバンの中から折りたたみ傘が出てくると、女性は不潔に感じます。
濡れたものを入れたカバンから契約書を出されても、信頼感はなくなります。
契約書は、お客様の人格そのものです。
濡れた傘と一緒に入れてはいけません。
折りたたみ傘で損している人が多いのです。

ビニール傘も、折りたたみ傘といい勝負です。
このことに早く気づくことです。

傘もきちんとメンテナンスして、骨が折れたら、すぐ直します。
雨が降っていない時は、傘を縦に持ちます。
横に持ってブンブン振ると、まわりの人に迷惑がかかります。
傘を縦に持つためには、姿勢をよくしないといけないのです。

一流の男の身だしなみ 65

傘を、垂直に持とう。

66

メガネは、一番高い位置でかける。下げると、お年寄りになる。

ほとんどの人がメガネのかけ方を間違っています。
メガネが下がりすぎているのです。
メガネが下がると、おじいさんに見えます。
メガネは、一番奥にかけて、まゆ毛のところに当てます。
まつ毛が少し当たるような感覚があって、かけ慣れていないと気持ち悪いです。
メガネの上のラインとまゆ毛の位置を一致させると、賢そうに見えます。
そこにスキ間ができた時点で、メガネは下がっています。
これを変えるだけで、顔の印象は一気に変わります。

わざわざメガネを買い替えなくてもいいのです。

一流の男の身だしなみ 66

メガネを一番高い位置でかけよう。

67

ネクタイで、気持ちを引き締める。バックルの位置にくるように結ぶ。

ネクタイの結び目が緩んでいると、高校生になります。

高校生はネクタイの結び目が緩んでいて、だらしないのです。

きちんと仕事ができる人は、ネクタイの結び目がキュッと締まっています。

ネクタイを締めながら、自分の気持ちを引き締めているのです。

めんどくさいことをやるのは、めんどくさいことをしながら自分のテンションを上げるためです。


ネクタイの長さは、剣先がちょうどバックルの位置にくるようにします。

ネクタイのうしろが長いままにしている人もいます。

もう1回締め直すのがめんどくさいのです。

短剣を前の剣先より少し短くするのは、むずかしいのです。
合わない時は、もう1回締め直します。
朝は大体慌ただしいですが、ここをおろそかにしてはいけないのです。

安いネクタイは生地がピロピロです。
丈も短いので、上に上がって、芋洗坂係長のようになります。
安いネクタイは流通量が多く、柄のバリエーションが少ないのです。
新卒学生はネクタイまでお金がまわりません。
ふだんはしないので、面接用に一番安いところで買ってきます。
面接官がくじけるのは、自分のネクタイが面接の学生と同じ柄だった瞬間です。
明らかに同じ安い店で買ったことがわかるのです。

一流の男の身だしなみ 67

ネクタイの結び目を緩めない。

68

ネクタイは、自分で買う。もらったネクタイは、つけない。

日本のネクタイ市場の6割はギフト市場です。
自分で買いに来る人が少ないのです。
6割の人は、もらいもののネクタイを着けています。
自分のこだわりがないのです。
ネクタイは奥さんに選ばせないで、自分で選びます。
ネクタイの幅の細さでスーツも決まります。
私は、剣幅が55ミリの細いタイプのネクタイをしています。

スーツの襟幅とネクタイは同じ幅にしなければなりません。

襟幅が細いスーツが好きなので、ネクタイも細くなるのです。

贈る側は、そんなことはあまり気にしていません。

柄《がら》で選ぶと、その人の持っているスーツと合わなくなります。

人にもらったネクタイを平気で着けている人は、トータルコーディネートにあまり興味がないのです。

スーツの襟とネクタイの幅

下襟の幅と、ネクタイの幅を合わせるのが基本。

一流の男の身だしなみ 68

ネクタイを、人に買わせない。

69

大きすぎるコートは年寄りじみて見える。

コートは印象に残ります。
ほとんどの人が大きすぎるコートを着ています。
ジャストサイズは着たり脱いだりがむずかしいのです。
ついダボダボしたコートを着てしまいがちです。

コートには流行があります。
値段が高いので、毎年買い替えることはできません。
時々、いまだにバブル時代のぶっといデザインのコートを着ている人がいます。

それが逆に年寄りじみた印象になります。
コートも消耗品です。
その時その時の流行を楽しめばいいのです。

一流の男の身だしなみ 69

身が引き締まるコートを着よう。

70

春と秋のコートを持つ。

オシャレな人はスプリングコートを持っています。

スプリングコートは、ヴィトンでも1種類しか売っていません。

スプリングコートが着られる時期は1カ月です。

その1カ月のために、なかなかお金をかけられないのです。

3～4カ月着られる冬のコートを、季節に合わなくても「もう少しガマンしよう」とか、「冬物をもう少し引っ張ればいい」と思って着ているのです。

3月のスプリングコートが一番オシャレです。

3月に冬のコートを着ていたら、ダサいのです。

オシャレな人は、1カ月しか着られないスプリングコートを着ているのです。

一流の男の身だしなみ 70

1ヵ月しか着られないコートを持とう。

71

爪やすりを、持ち歩く。

男性は爪切りで爪を切ります。
爪切りは、爪を割っているだけです。
会社の中で爪を切るしぐさは、「この人、ヒマなんだな」という絵になります。
爪は目立ちます。
爪は爪やすりで常にメンテナンスします。
ネイルサロンに行かなくても、爪やすりは東急ハンズで売っています。
「何か爪が引っかかるな」という感覚を持つことが大切です。

爪が引っかかったら、すぐに爪やすりで磨きます。

そのためには、持ち歩いているカバンの中に爪やすりを入れておきます。

私はペンケースの中に爪やすりを入れています。

爪が引っかかると、それだけでテンションが下がります。

どんな時でも爪が引っかからない状態にすることによって、自分の気持ちもスムーズになるのです。

爪の磨き方は練習して覚えます。最初はむずかしいです。

やがて慣れてくると、違和感なく使えるようになります。

すべてのものは慣れるまでが大変です。

慣れるまでのトレーニングも、身だしなみとして大切なことなのです。

一流の男の身だしなみ 71

爪ヤスリを、カバンに入れておこう。

72

服に妥協すると、人生に妥協することになる。

服を着る時に、「今度ちゃんとするから、今日のところはこれぐらいでいいかな」と迷う瞬間があります。

「忙しいのにめんどくさいじゃないですか」と言う人がいます。

きちんとした格好をするのは、めんどくさいことです。

めんどくさいことをすることによって、その人の生き方が変わるのです。

ここで「めんどくさいけど、よし頑張ろう」と踏ん張るか、妥協するかで、その人の人生が大きく変わります。

茶道も、めんどくさい作業の連続です。

ふくさの包み方だけでも細かいやりとりがあります。

お茶は、簡単に入れて飲むことができます。

それを簡単にすませずに、めんどくささを楽しむことです。

味わうことです。

気持ちを整えてやるプロセスの中で、オシャレさやカッコよさを磨けます。

一流の身だしなみや身のこなし方が磨かれるのです。

「急だったし、今日は手を抜いても仕方がない」と妥協する言いわけは、いくらでもできます。

そこで言いわけしないで、ひと工夫できるかどうかが、人生の大きな分かれ道になるのです。

一流の男の身だしなみ 72

服に、妥協しない。

【KK ベストセラーズ】
『誰も教えてくれなかった大人のルール恋愛編』

【阪急コミュニケーションズ】
『いい男をつかまえる恋愛会話力』
『サクセス＆ハッピーになる 50 の方法』

【あさ出版】
『「いつまでもクヨクヨしたくない」とき読む本』
『「イライラしてるな」と思ったとき読む本』
『「つらいな」と思ったとき読む本』

【きずな出版】
『ファーストクラスに乗る人の教育』
『ファーストクラスに乗る人の勉強』
『ファーストクラスに乗る人のお金』
『ファーストクラスに乗る人のノート』
『ファーストクラスに乗る人の仕事』
『ギリギリセーーフ』

『一流の時間の使い方』**（リベラル社）**
『品のある人、品のない人』**（ぱる出版）**
『輝く女性に贈る 中谷彰宏の運がよくなる言葉』**（主婦の友社）**
『名前を聞く前に、キスをしよう。』**（ミライカナイブックス）**
『ほめた自分がハッピーになる「止まらなくなる、ほめ力」』**（パブラボ）**
『なぜかモテる人がしている 42 のこと』（イースト・プレス　文庫ぎんが堂）
『一流の人が言わない 50 のこと』**（日本実業出版社）**
『輝く女性に贈る　中谷彰宏の魔法の言葉』**（主婦の友社）**
『「ひと言」力。』**（パブラボ）**
『一流の男　一流の風格』**（日本実業出版社）**
『「あと１年でどうにかしたい」と思ったら読む本』(主婦の友社)
『変える力。』**（世界文化社）**
『なぜあの人は感情の整理がうまいのか』**（中経出版）**
『人は誰でも講師になれる』**（日本経済新聞出版社）**
『会社で自由に生きる法』**（日本経済新聞出版社）**
『全力で、１ミリ進もう。』**（文芸社文庫）**
『だからあの人のメンタルは強い。』**（世界文化社）**
『「気がきくね」と言われる人のシンプルな法則』**（総合法令出版）**
『だからあの人に運が味方する。』**（世界文化社）**
『だからあの人に運が味方する。（講義 DVD 付き』**（世界文化社）**
『なぜあの人は強いのか』**（講談社＋α文庫）**
『占いを活かせる人、ムダにする人』**（講談社）**
『贅沢なキスをしよう。』**（文芸社文庫）**
『3 分で幸せになる「小さな魔法」』**（マキノ出版）**
『大人になってからもう一度受けたい コミュニケーションの授業』**（アクセス・パブリッシング）**
『運とチャンスは「アウェイ」にある』**（ファーストプレス）**
『「出る杭」な君の活かしかた』**（明日香出版社）**
『大人の教科書』**（きこ書房）**
『モテるオヤジの作法２』**（ぜんにち出版）**
『かわいげのある女』**（ぜんにち出版）**
『壁に当たるのは気モチイイ　人生もエッチも』**（サンクチュアリ出版）**
『ハートフルセックス』【新書】**（KK ロングセラーズ）**
書画集『会う人みんな神さま』（DHC）
ポストカード『会う人みんな神さま』（DHC）

面接の達人（ダイヤモンド社）

『面接の達人　バイブル版』
『面接の達人　面接・エントリーシート問題集』

『「人間力」で、運が開ける。』
『明日がワクワクする50の方法』
『なぜあの人は10歳若く見えるのか』
『テンションを上げる45の方法』
『成功体質になる50の方法』
『運のいい人に好かれる50の方法』
『本番力を高める57の方法』
『運が開ける勉強法』
『ラスト3分に強くなる50の方法』
『答えは、自分の中にある。』
『思い出した夢は、実現する。』
『習い事で生まれ変わる42の方法』
『面白くなければカッコよくない』
『たった一言で生まれ変わる』
『なぜあの人は集中力があるのか』
『健康になる家　病気になる家』
『スピード自己実現』
『スピード開運術』
『失敗を楽しもう』
『20代自分らしく生きる45の方法』
『受験の達人2000』
『お金は使えば使うほど増える』
『大人になる前にしなければならない50のこと』
『会社で教えてくれない50のこと』
『学校で教えてくれない50のこと』
『大学時代しなければならない50のこと』
『昨日までの自分に別れを告げる』
『人生は成功するようにできている』
『あなたに起こることはすべて正しい』

【PHP研究所】
『叱られる勇気』
『40歳を過ぎたら「これ」を捨てよう。』
『中学時代がハッピーになる30のこと』
『頑張ってもうまくいかなかった夜に読む本』
『14歳からの人生哲学』
『受験生すぐにできる50のこと』
『高校受験すぐにできる40のこと』
『ほんのささいなことに、恋の幸せがある。』
『高校時代にしておく50のこと』
『中学時代にしておく50のこと』

【PHP文庫】
『もう一度会いたくなる人の話し方』
『お金持ちは、お札の向きがそろっている。』
『たった3分で愛される人になる』
『自分で考える人が成功する』
『大人の友達を作ろう。』
『大学時代しなければならない50のこと』

【三笠書房・知的生きかた文庫／王様文庫】
『読むだけで人生がうまくいく本』

【大和書房】
『結果がついてくる人の法則58』

【だいわ文庫】
『なぜか「HAPPY」な女性の習慣』
『なぜか「美人」に見える女性の習慣』
『いい女の教科書』
『いい女恋愛塾』
『やさしいだけの男と、別れよう。』
『「女を楽しませる」ことが男の最高の仕事。』
『いい女練習帳』
『男は女で修行する。』

【学研パブリッシング】
『美人力』
『魅惑力』
『冒険力』
『変身力』
『セクシーなお金術』
『セクシーな出会い術』
『セクシーな整理術』
『セクシーなマナー術』
『セクシーな時間術』
『セクシーな会話術』
『セクシーな仕事術』
『王子を押し倒す、シンデレラになろう。』
『口説きません、魔法をかけるだけ。』
『強引に、優しく。』
『品があって、セクシー。』
『キスは、女からするもの。』

『なぜあの人は運が強いのか』
『なぜあの人にまた会いたくなるのか』
『なぜあの人はプレッシャーに強いのか』

【ファーストプレス】
『「超一流」の会話術』
『「超一流」の分析力』
『「超一流」の構想術』
『「超一流」の整理術』
『「超一流」の時間術』
『「超一流」の行動術』
『「超一流」の勉強法』
『「超一流」の仕事術』

【PHP 研究所】
『[図解]お金も幸せも手に入れる本』
『もう一度会いたくなる人の聞く力』
『もう一度会いたくなる人の話し方』
『【図解】仕事ができる人の時間の使い方』
『仕事の極め方』
『【図解】「できる人」のスピード整理術』
『【図解】「できる人」の時間活用ノート』

【PHP 文庫】
『中谷彰宏　仕事を熱くする言葉』
『入社３年目までに勝負がつく 77 の法則』

【三笠書房・知的生きかた文庫 / 王様文庫】
『お金で苦労する人しない人』

【オータパブリケイションズ】
『せつないサービスを、胸きゅんサービスに変える』
『ホテルのとんがりマーケティング』
『レストラン王になろう２』
『改革王になろう』
『サービス王になろう２』
『サービス刑事』

【あさ出版】
『気まずくならない雑談力』
『人を動かす伝え方』
『なぜあの人は会話がつづくのか』

【学研パブリッシング】
『怒らない人は、うまくいく。』
『ブレない人は、うまくいく。』
『かわいがられる人は、うまくいく。』
『すぐやる人は、うまくいく。』

『仕事は、最高に楽しい。』**（第三文明社）**
『20 代でグンと抜き出る ワクワク仕事術 66』**（経済界・経済界新書）**
『会社を辞めようかなと思ったら読む本』**（主婦の友社）**
『「反射力」早く失敗してうまくいく人の習慣』**（日本経済新聞出版社）**
『伝説のホストに学ぶ 82 の成功法則』**（総合法令出版）**
『富裕層ビジネス　成功の秘訣』**（ぜんにち出版）**
『リーダーの条件』**（ぜんにち出版）**
『成功する人の一見、運に見える小さな工夫』**（ゴマブックス）**
『転職先はわたしの会社』**（サンクチュアリ出版）**
『あと「ひとこと」の英会話』**（DHC）**
『オンリーワンになる仕事術』**（KK ベストセラーズ）**

恋愛論・人生論

【ダイヤモンド社】
『なぜあの人は逆境に強いのか』
『25 歳までにしなければならない 59 のこと』
『大人のマナー』
『あなたが「あなた」を超えるとき』
『中谷彰宏金言集』
『「キレない力」を作る 50 の方法』
『お金は、後からついてくる。』
『中谷彰宏名言集』
『30 代で出会わなければならない 50 人』
『20 代で出会わなければならない 50 人』
『あせらず、止まらず、退かず。』

中谷彰宏　主な作品一覧

ビジネス

【ダイヤモンド社】

『なぜあの人の話は楽しいのか』
『なぜあの人はすぐやるのか』
『なぜあの人の話に納得してしまうのか［新版］』
『なぜあの人は勉強が続くのか』
『なぜあの人は仕事ができるのか』
『なぜあの人は整理がうまいのか』
『なぜあの人はいつもやる気があるのか』
『なぜあのリーダーに人はついていくのか』
『なぜあの人は人前で話すのがうまいのか』
『プラス1％の企画力』
『こんな上司に叱られたい。』
『フォローの達人』
『女性に尊敬されるリーダーが、成功する。』
『就活時代しなければならない50のこと』
『お客様を育てるサービス』
『あの人の下なら、「やる気」が出る。』
『なくてはならない人になる』
『人のために何ができるか』
『キャパのある人が、成功する。』
『時間をプレゼントする人が、成功する。』
『会議をなくせば、速くなる。』
『ターニングポイントに立つ君に』
『空気を読める人が、成功する。』
『整理力を高める50の方法』
『迷いを断ち切る50の方法』
『初対面で好かれる60の話し方』
『運が開ける接客術』
『バランス力のある人が、成功する。』
『映画力のある人が、成功する。』
『逆転力を高める50の方法』
『最初の3年その他大勢から抜け出す50の方法』
『ドタン場に強くなる50の方法』
『アイデアが止まらなくなる50の方法』
『メンタル力で逆転する50の方法』
『超高速右脳読書法』
『なぜあの人は壁を突破できるのか』
『自分力を高めるヒント』
『なぜあの人はストレスに強いのか』
『なぜあの人は仕事が速いのか』
『スピード問題解決』
『スピード危機管理』
『スピード決断術』
『スピード情報術』
『スピード顧客満足』
『一流の勉強術』
『スピード意識改革』
『お客様のファンになろう』
『成功するためにしなければならない80のこと』
『大人のスピード時間術』
『成功の方程式』
『なぜあの人は問題解決がうまいのか』
『しびれる仕事をしよう』
『「アホ」になれる人が成功する』
『しびれるサービス』
『大人のスピード説得術』
『お客様に学ぶサービス勉強法』
『大人のスピード仕事術』
『スピード人脈術』
『スピードサービス』
『スピード成功の方程式』
『スピードリーダーシップ』
『大人のスピード勉強法』
『一日に24時間もあるじゃないか』
『もう「できません」とは言わない』
『出会いにひとつのムダもない』
『お客様がお客様を連れて来る』
『お客様にしなければならない50のこと』
『30代でしなければならない50のこと』
『20代でしなければならない50のこと』
『なぜあの人の話に納得してしまうのか』
『なぜあの人は気がきくのか』
『なぜあの人は困った人とつきあえるのか』
『なぜあの人はお客さんに好かれるのか』
『なぜあの人はいつも元気なのか』
『なぜあの人は時間を創り出せるのか』

本の感想など、どんなことでも、
あなたからのお手紙をお待ちしています。
僕は、本気で読みます。

中谷彰宏

〒104-0045
東京都中央区築地2丁目1-17 陽光築地ビル4F
秀和システム気付 中谷彰宏 行
※食品、現金、切手などの同封は、ご遠慮ください。（編集部）

視聴覚障害その他の理由で、活字のままでこの本を利用できない人のために、営利を目的とする場合を除き、「録音図書」「点字図書」「拡大写本」等の製作をすることを認めます。その際は、著作権者、または出版社までご連絡ください。

中谷彰宏は、盲導犬育成事業に賛同し、この本の印税の一部を（財）日本盲導犬協会に寄付しています。

著者紹介

中谷彰宏 (Nakatani Akihiro)

1959年、大阪府生まれ。早稲田大学第一文学部演劇科卒業。84年、博報堂に入社。CMプランナーとして、テレビ、ラジオCMの企画、演出をする。91年、独立し、株式会社中谷彰宏事務所を設立。ビジネス書から恋愛エッセイ、小説まで、多岐にわたるジャンルで、数多くのロングセラー、ベストセラーを送り出す。「中谷塾」を主宰し、全国で公演・ワークショップ活動を行っている。

公式サイト ― http://www.an-web.com/

カバー＆本文デザイン　ナカジマブイチ（BOOLAB.）
イラスト　瀬川尚志

服《ふく》を変《か》えると、人生《じんせい》が変《か》わる。
一流《いちりゅう》の男《おとこ》の身《み》だしなみ

発行日　2015年　2月 10日　第1版第1刷
　　　　2015年　2月 22日　第1版第2刷

著　者　中谷《なかたに》　彰宏《あきひろ》

発行者　斉藤　和邦
発行所　株式会社　秀和システム
〒104-0045
東京都中央区築地2丁目1−17　陽光築地ビル4階
Tel 03-6264-3105（販売）　Fax 03-6264-3094
印刷所　株式会社シナノ　Printed in Japan

ISBN978-4-7980-4316-6 C0095